Jörg Becker | Mira Beham

Operation Balkan:
Werbung für Krieg und Tod

2. Auflage

Bildnachweis:

"Verschwiegene" Opfer des Bosnienkrieges, Foto: Milan Živković
Das Bild zeigt einen Friedhof in Bratunac (Gemeinde Srebrenica) zehn Jahre nach Ende des Krieges (also 2005), auf dem serbische Opfer des Bosnienkrieges beerdigt sind.

Die Deutsche Nationalbibliothek verzeichnet diese Publikation in der Deutschen Nationalbibliografie; detaillierte bibliografische Daten sind im Internet über http://www.d-nb.de abrufbar.

ISBN 978-3-8329-3591-7

2. Auflage 2008
© Nomos Verlagsgesellschaft, Baden-Baden 2008. Printed in Germany. Alle Rechte, auch die des Nachdrucks von Auszügen, der fotomechanischen Wiedergabe und der Übersetzung, vorbehalten.

Inhaltsverzeichnis

Vorwort von Norman Paech — 8
Vorwort der Autoren — 11

I. Kapitel: Einführung — 15
   1. Propaganda, Public Relations und Journalismus — 15

II. Kapitel: Das Engagement von PR-Agenturen in den ex-jugoslawischen Kriegen — 19
   1. Der Foreign Agents Registration Act (FARA) in den USA — 19
   2. Profile der in Ex-Jugoslawien engagierten PR-Agenturen — 20
   3. Von FARA nicht erfaßte PR-Agenturen — 27

III. Kapitel: Die Kommunikationskonzepte der PR-Agenturen in den Balkan-Kriegen — 30
   1. Privatisierung der Außenpolitik — 31
   2. Kriegspropaganda — 36
   3. PR und private Militärfirmen — 37
   4. Der Holocaust-Vergleich — 41
   5. Der Synergie-Effekt — 50

IV. Kapitel: Werbung: Der Fall Benetton und der Bosnienkrieg — 56

V. Kapitel: NGOs im Geflecht von Kriegspropaganda — 61
   1. Zur Entmythologisierung von NGOs — 61
   2. NGOs in den ex-jugoslawischen Kriegen — 68
   3. »Die Nato als militärischer Arm von amnesty international« — 80

VI. Kapitel: Schlußfolgerungen — 80
   1. Ethik und Journalismus — 80
   2. Ethik und Public Relations — 81
   3. Der Militärisch-Industriell-Kommunikative Komplex (MIKK) — 83
   4. Agenda Setting — 85
   5. Privatisierung von Kommunikation — 87

Tabellarsicher Anhang

Tab. I:
Aktivitäten US-amerikanischer Public Relations-Agenturen für Kroatien
(1991-2002) 92

Tab. II:
Aktivitäten US-amerikanischer Public Relations-Agenturen für Vertreter der
Kosovo-Albaner (1992-2002) 97

Tab. III:
Aktivitäten US-amerikanischer Public Relations-Agenturen für die
Regierung Bosnien-Herzegowinas (1992-1999) 106

Tab. IV:
Aktivitäten US-amerikanischer Public Relations-Agenturen für die
Regierung Sloweniens (1992-2002) 110

Tab. V:
Aktivitäten US-amerikanischer Public Relations-Agenturen für die
Regierung Montenegros (1997-2002) 113

Tab. VI:
Aktivitäten US-amerikanischer Public Relations-Agenturen für Vertreter
der serbischen Seite (1992-2002) 116

Tab. VII:
Aktivitäten US-amerikanischer Public Relations-Agenturen für die
Regierung Mazedoniens (1992-2002) 122

Tab. VIII:
Die Serbien-Informationskampagne von Moritz Hunzinger
(1998-2003) 124

Literaturverzeichnis 127

Grafik 1:
Systematik der 157 Beratungsverträge zwischen US-amerikanischen
PR-Firmen und ex-jugoslawischen Regierungen in den Unterlagen des
Foreign Agents Registration Act (FARA) im US-amerikanischen
Justizministerium (DOJ) (1991-2002) 22

Grafik 2:
Der in sich geschlossene Informationskreislauf westlicher Demokratien in
Kriegszeiten 34

Grafik 3:
Der Auschwitz-Vergleich mit dem Bürgerkrieg in Bosnien aus
der Sicht des American Jewish Committee (AJC), des American Jewish
Congress (AJC) und der Anti-Defamation League (ADL) (1992) 44

Grafik 4:
Häufigkeit des Begriffs »purification ethnique« in der Zeitung *Le Monde*
(1992-1994) 49

Grafik 5: Das gesellschaftliche Umfeld von NGOs 63

Grafik 6:
Die Privatisierung des Krieges 89

Abbildung 1:
Das Benetton-Plakat »Marinko Gagro« von Oliviero Toscani (1994) 57

Abbildung 2:
Das durch die Werbeagentur J. Walter Thompson verfremdete
Benetton-Plakat »Marinko Gagro« von Oliviero Toscani 58

Tabelle 1a:
NGOs im Geflecht von Kriegspropaganda (Regierungen) 69

Tabelle 1b:
NGOs im Geflecht von Kriegspropaganda (Massenmedien) 70

Tabelle 1c:
NGOs im Geflecht von Kriegspropaganda (Militär) 71

Vorwort

In den Kriegen von heute wird nicht mehr nur mit hochmodernen Waffen gekämpft, sondern auch mit ausgefeilten Kommunikations- und Werbestrategien. Waffen und Werbung entscheiden gemeinsam über den Kriegsausgang. Das Medienzeitalter hat uns also einen neuen Kriegsschauplatz beschert: neben dem blutigen Schlachtfeld finden die modernen Kriege nun auch in den Think Tanks der großen und renommierten PR-Firmen statt.

PR-Berater als strategische Kriegsführer? Dass dies schon lange keine bloße Verschwörungstheorie mehr ist, zeigt uns das aufwendig recherchierte und sehr wichtige Buch von Jörg Becker und Mira Beham. Es ist ein Blick hinter die Kulissen und nach der Lektüre dieses Buches weiß der Leser einmal mehr: Nichts ist, wie es scheint.

Für ihr Buch haben die Autoren die Rolle der US-amerikanischen PR-Firmen in den Balkankriegen untersucht und ausgewertet. Eine solche Recherche ist möglich, da eine US-Gesetzgebung vorschreibt, dass einheimische PR-Firmen öffentlich machen müssen, wenn sie für ausländische Auftraggeber arbeiten. Alle kriegführenden Parteien leisteten sich demnach kostspielige PR-Beratung, um die Weltöffentlichkeit zu beeinflussen bzw. zu manipulieren, und um Betroffenheit und Aufmerksamkeit für die eigene Sache zu gewinnen.

Die Balkankriege waren im besonderen Maße Kommunikationskriege, um das offensichtliche Defizit an Legitimation auszugleichen. PR-Firmen konstruierten Feindbilder, manipulierten Informationen und kontrollierten die Informationskanäle zwischen Front und Medienberichterstattung. Die besonders guten Kontakte der involvierten PR-Berater zu Politik, Wirtschaft und Militär kamen ihnen hierbei zugute. So informieren Becker und Beham darüber, dass in den großen PR-Firmen der USA auffallend viele ehemalige Kongressabgeordnete, Senatoren und Mitarbeiter der US-Regierung und der Geheimdienste sowie ehemalige Führungskräfte aus der Wirtschaft arbeiten.

Das Netz aus PR-Branche, Politik, Militär und Wirtschaft arbeitete äußerst effektiv und erfolgreich und so waren die medialen Sympathien in den Balkankriegen der 90er Jahre schnell geklärt: Die Serben waren die Bösen. Sie und ihr nationalistischer und sozialistischer Führer Slobodan Milosevic wollten ein Großserbien errichten und griffen alle nicht-serbischen Regierungen an. Diese wiederum waren extrem friedliebend und demokratisch und mussten von der internationalen Staatengemeinschaft unterstützt und geschützt werden. Dieses Freund-Feind-Bild wurde schließlich von den antiserbischen Spin-Doktoren in dem Vergleich der serbischen Kriegsführung mit dem Holocaust fest zementiert. Durch die strategische Platzierung von emotional aufgeladenen Begriffen wie etwa »ethnische Säuberung«, »Völkermord« und »Konzentrationslager« wurde bewusst der Vergleich mit Nazi-Deutschland, Gaskammern und Auschwitz hergestellt und eine Stimmung geschaffen, die aus Pazifisten Kriegsbefürworter machte. Dass es den PR-Söldnern gelang, die Diskussion derart emotional aufzuladen, dass kaum jemand es mehr wagte, dem zu widersprechen, um nicht als Revisionist gebrandmarkt zu werden, wurde von ihnen als der »Schuss ins Schwarze« gefeiert. Und so wurde und wird noch heute beständig der völkerrechtswidrige Angriffskrieg der NATO auf das damalige Jugoslawien als »humanitäre Intervention« gerechtfertigt. Die Autoren widmen dem Holocaust-Vergleich ein eigenes Kapitel und zeigen sehr präzise, wie die Medien und letztendlich die Öffentlichkeit durch Lügen und Manipulationen zu ihren Einschätzungen von Gut und Böse kamen. Sie kritisieren zu Recht, dass der Bundestag ebenfalls den Lügen aufgesessen ist und in seiner Kontrollfunktion kläglich versagt hat, da er weder eine Plenardebatte noch einen Untersuchungsausschuss zu Scharpings gefälschtem »Hufeisenplan« einberufen hat.

Becker und Beham verweisen in ihrem Buch auf einen weiteren besonders interessanten Aspekt: die Privatisierung der Diplomatie. Eines der wichtigsten Instrumente der Außenpolitik wird »outgesourced« und von PR-Firmen übernommen. Was früher die Aufgabe von Politikern und Diplomaten war, übernehmen heute von den Regierungen bezahlte private Berater. In den Balkankriegen wurden diese somit zu Schlüsselfiguren bei wichtigen und folgenschweren außenpolitischen Verhandlungen. Die angeheuerten privaten Beratungsfirmen betrieben ferner Lobbying in den Zentren der Macht und formulierten politische Programme sowie internationale Resolutionen. Sie verkauften je nach Bedarf Krieg oder Frieden, vorzugsweise aber den Krieg.

Und so kommen die Autoren schließlich zu dem leider richtigen und erschütternden Schluss, dass Diplomatie, die von ihrem Grundsatz her auf völkerrechtliche Verträge zielt, nunmehr zu einer bloßen Handelsware verkommt.

Becker und Beham legen mit ihrem Buch eine interessante und anschauliche Forschungsarbeit zur selbstverschuldeten Geiselnahme der Politik durch die Medien vor. Gerade im Hinblick auf die immer undurchschaubareren und ausgefeilteren Verflechtungen dieser beiden Bereiche und das Verschwimmen der Grenzen zwischen Journalismus und PR sind kritische Bücher dieser Art von höchster Wichtigkeit. Journalisten greifen heute in ihrer Arbeit immer öfter auf PR-Meldungen zurück. Die Vorstellung von Journalisten als unabhängige und kritische Berichterstatter ist leider eine Illusion – bedauerlicherweise werden sie stattdessen immer mehr zu Dienstleistern der Politiker und Hofberichterstattern ihrer Regierungen. Mit einer unbestechlichen demokratischen Presse hat das schon lange nichts mehr zu tun.

Auch in den aktuellen Kriegen in Afghanistan und Irak findet eine einseitige und propagandistische Kriegsberichterstattung statt. Wenn Politiker das Scheitern ihrer Kriegs- und Friedensbemühungen nicht in ihren politischen Konzepten selbst, sondern lediglich in den Defiziten ihrer »Vermittlung« und ihrer Begründung bei ihrem Wahlvolk sehen, dann sind die PR-Firmen zur Stelle. Sie müssen dann die verunsicherte Bevölkerung mit abgemilderten und manipulierten Informationen von der Front auf Kriegskurs halten und in ihnen Verständnis für die

Kriege wecken. Von den Besatzungsmächten getötete Zivilisten in Afghanistan und Irak werden als »Kollateralschäden« bezeichnet oder völlig verschwiegen. Es werden dort nicht Dörfer und Städte zerbombt, sondern Schulen gebaut und »aktive Aufbauhilfe geleistet«. Der »embedded journalist« ist die PR-Firma im Panzer-Cockpit. Und während die Menschen ums Überleben kämpfen, wird der Weltöffentlichkeit mit Hilfe der Medien vorgegaukelt, dass in Afghanistan und Irak nun endlich die Demokratie Einzug erhält. In der Berichterstattung dieser beiden Kriege geht es ebenso wie in den Balkankriegen letztlich nur noch um die Herstellung von Konsens.

Es ist erfreulich, dass »Operation Balkan: Werbung für Krieg und Tod« so erfolgreich ist, dass nun die zweite und in vielerlei Hinsicht hochaktuelle Auflage vorliegt. So ist davon auszugehen, dass die Sezession des Kosovo im Frühjahr 2008 von den gleichen PR-Firmen vorangetrieben wurde, die auch während der Balkankriege, an den Sezessionen der anderen Teilstaaten beteiligt waren. Auch die selektive Strafverfolgung der an den Balkankriegen beteiligten Kriegsverbrecher wird von PR-Firmen und Medien begleitet und angeheizt – gefasste Kriegsführer werden von allen Seiten ausgeleuchtet und an den medialen Pranger gestellt. Dass die Verantwortlichen verfolgt und bestraft werden, steht selbstverständlich außer Frage, jedoch sollte dies mit allen Verantwortlichen aller am kriegbeteiligten Parteien passieren. Doch nach wie vor wird zwischen den Guten, die sich nur verteidigt haben, und den Bösen, die massakriert und gemordet haben, unterschieden. Die Aktualität des Buches von Becker und Beham zeigt sich so auch darin, dass der ehemalige bosnische Präsident Radovan Karadzic nach seiner Verhaftung im Sommer 2008 von einem US-Politiker als »„guter Nazi" bezeichnet wird – und dies in einem vielgelesenen und renommierten deutschen Magazin veröffentlicht wird.

Fazit: Wer sich 1998/99 von den Beschwörungen einer »humanitären Katastrophe« im Kosovo hat überzeugen lassen, um einem völkerrechtswidrigen Krieg gegen Ex-Jugoslawien seine Unterstützung zu geben, möge die damaligen Argumente auf der Basis dieses Buches noch einmal überdenken und in Zukunft all die Aufrufe zu den Waffen – ob im Sudan, im Kongo oder Somalia – mit Sorgfalt prüfen.

Hamburg, 10. August 2008   *Norman Paech*[*]

---

[*] Norman Paech war bis 2001 Professor für öffentliches Recht an der Hochschule für Wirtschaft und Politik, jetzt Universität Hamburg. Seit 2005 ist er Mitglied des Deutschen Bundestages und außenpolitischer Sprecher der Fraktion DIE LINKE.

> *Fort mit den Themen des Kriegs! Fort mit dem Krieg selbst!*
> *Weg von meinem schaudernden Blick, um sie nie*
> *wieder zu sehen, diese schwarzen verstümmelten Leiber!*
> *Diese Hölle, entfesselt und gierig nach Blut, gut für wilde Tiger oder*
> *für langzüngige Wölfe, nicht für vernunftbegabte Menschen.*
>
> Walt Whitman (1819-1892)

Vorwort der Autoren

Seit dem Kosovokrieg von 1999, der die Frage nach der Rolle der Medien im Krieg und nach Krisenkommunikation überhaupt in einer relativ breiten Öffentlichkeit thematisierte, ist eine explosionsartig angewachsene und kontinuierlich wachsende Menge an Literatur zum Thema Medien und Krieg zu verzeichnen. Damit scheint eine lange geltende kommunikationswissenschaftliche Gesetzmäßigkeit außer Kraft gesetzt worden zu sein, wonach jeder Krieg eine Medienkrise hervorruft, in der sich die Medienschaffenden veranlasst sehen, zu fragen, wie sie über den Krieg kommuniziert haben, um anschließend alsbald wieder zur Tagesordnung überzugehen und wenig bis gar keine Lehren aus dem zurückliegenden für den nächsten Krieg zu ziehen.

Daß es jetzt aber eine offenbar gestiegene und eine mehr oder weniger andauernde Sensibilität für den Umgang der Medien mit Kriegen gibt, hat vermutlich vor allem zwei Gründe. Erstens haben uns der 11. September 2001 und seine Folgen praktisch in den Zustand eines permanenten Krieges versetzt, was wiederum eine permanente Auseinandersetzung mit Inhalten und Formen der Kommunikation über Krieg hervorruft und erforderlich macht. Zweitens ist, verbunden mit einem rasch wachsenden, globalisierten technologischen Fortschritt, eine rasante Veränderung der Quantität und Qualität von Kriegs- und Krisenkommunikation eingetreten, die vorläufig mehr Fragen aufwirft, als Antworten gegeben werden können.

Auch innerhalb der Friedensforschung ist eine Konjunktur dieses Themas zu verzeichnen. Auffällig jedoch ist dabei generell, daß – nicht nur in der Friedensforschung – zwei wichtige Aspekte der komplexen Problematik eher ein Schattendasein fristen. Da wären zum einen die Balkankriege der neunziger Jahre, die über den Kosovokrieg hinaus kaum Interesse wecken, obschon der NATO-Krieg gegen Jugoslawien in vielerlei Hinsicht – auch medial – auf ihnen aufgebaut hat. Und da wäre zum anderen die Frage nach der Beeinflussung von Kriegs- und Krisenkommunikation, also auch der von Medien, durch Public Relations-Maßnahmen, ein Gesichtspunkt, der zugegebenermaßen methodisch schwer greifbar ist, weil sich PR seiner Natur nach dem Element der Transparenz und damit einer systematischen Analyse verweigert.

Dieses Buch stellt den Versuch dar, diese beiden eher vernachlässigten Aspekte der Kommunikations- und kommunikationsorientierten Friedensforschung nicht nur zu thematisieren, sondern auch zusammenzuführen. Es ist im Rahmen des zweijährigen Forschungsprojekts »Die Informationskriege um den Balkan seit 1991« entstanden, das wir dank nachhaltiger Unterstützung des inzwischen tragischerweise verstorbenen Gründungsdirektors der Deutschen Stiftung Friedensforschung (DSF), Dieter S. Lutz, durchführen konnten.

Gerade Dieter S. Lutz gilt an dieser Stelle unser besonderer Dank und unser Andenken. Daß sein Tod eine schmerzliche Lücke in der (deutschen) Friedensforschung hinterlassen hat, zeigt u.a. der Umstand, daß sich nach ihm keiner fand, der mit ähnlich beharrlichem Engagement eine Aufarbeitung der Balkankriege im weitesten Sinne verfolgt hätte, wie auch die Tatsache, daß unser Vorhaben, mit ihm gemeinsam ein Friedensforschungsinstitut in Belgrad zu gründen, ohne ihn gescheitert ist.

Im Rahmen unserer Arbeit am Projekt konnten wir dennoch einen breit gefächerten, transdisziplinären und transnationalen Wissensaustausch und -transfer im Sinne einer aktiven und operativen Friedensforschung verwirklichen, so etwa in verschiedenen workshops, Seminaren oder Konferenzen z.B. mit StudentInnen der Kommunikations- und Sozialwissenschaften aus allen ehemaligen jugoslawischen Teilrepubliken, mit StudentInnen der Technischen Universität Wien, des Instituts für Politikwissenschaft der Universität Innsbruck oder der American University of Beirut im Libanon sowie mit serbischen Journalisten in Belgrad.

Intensiven Kontakt und einen gegenseitigen Austausch von Arbeitsergebnissen gab es mit der Arbeitsgruppe »Krieg und Medien« von Prof. Dr. Stig-Arne Nohrstedt von der Universität im schwedischen Örebro, mit KollegInnen vom Österreichischen Studienzentrum für Frieden und Konfliktlösung in Stadtschlaining, mit dem Institut für Medien- und Kommunikationsforschung der Universität St. Gallen und dessen leider inzwischen ebenfalls verstorbenen Leiter Prof. Dr. Peter Glotz und mit der Projektgruppe Friedensforschung von Prof. Dr. Wilhelm Kempf an der Universität Konstanz.

In Belgrad arbeiteten wir eng mit der vom damaligen jugoslawischen Präsidenten Vojislav Koštunica nach südafrikanischem Vorbild gegründeten Wahrheitskommission (Yugoslav Commission for Truth and Reconciliation) zusammen, insbesondere mit ihrer Mediengruppe und vor allem über den Schwerpunkt der Rolle der serbischen bzw. ex-jugoslawischen Medien in den Balkankriegen. Im Rahmen der Kooperation mit der Wahrheitskommission konnten wir auch einen reichhaltigen Erfahrungsaustausch mit Experten aus verschiedenen Ländern vornehmen, so z.B. mit Dr. Bob de Graaff und Dr. Dick Schoonoord vom niederländischen Institut für Kriegsdokumentation (NIOD), die beide im Auftrag der niederländischen Regierung den bislang umfangreichsten Bericht über die Ereignisse von Srebrenica, einschließlich deren medialen Verarbeitung, verfaßt haben.

Obwohl die jugoslawische Wahrheitskommission aufgrund einer politischen Entscheidung der neuen Führung von Serbien und Montenegro ihre Arbeit im März 2003 einstellen mußte, konnten wir eine Kooperation mit einzelnen ihrer Mitglieder fortsetzen.

Fruchtbar war auch die Zusammenarbeit mit dem Zentrum für Liberal-Demokratische Studien in Belgrad im Rahmen von workshops zu den Themen Propagandatechniken und hate speech in Belgrad, Novi Sad und Kragujevac, einem von der USAID finanzierten Projekt über die Ethik des öffentlichen Wortes, sowie mit dem Belgrader Institut für Europäische Studien oder mit Professoren – Kommunikationswissenschaftlern und Friedensforschern – der Fakultät für Politische Wissenschaften der Universität Belgrad, namentlich mit Prof. Dr. Miroljub Radojković und Prof. Dr. Radmila Nakarada.

Obwohl wir in diesem Projekt mit Menschen sowohl verschiedener Berufe und Hierarchien, mit Menschen verschiedener Nationalitäten als auch sehr unterschiedlicher akademischer Disziplinen kooperiert haben, mußten wir stets die gleiche Erfahrung machen: Das Unbehagen mit der Medienberichterstattung über die Kriege in Jugoslawien war und ist groß, stößt aber inzwischen insbesondere im Schatten der Diskussion über den Irakkrieg auf wenig öffentliches Interesse – obgleich sich aus dem Umgang mit den Balkankriegen schon längst Lehren und Schlüsse für die darauffolgenden Kriege hätten ziehen lassen können.

Ein Grund für den Mangel an Öffentlichkeit gerade dieses Themas ist aber auch noch in einem anderen Umstand zu finden: Die Debatte über die Jugoslawienkriege ist immer noch so stark emotional besetzt, stellt oft immer noch so sehr eine Art Glaubensfrage dar, daß sich kaum jemand den geballten Emotionen aussetzen mag, die sie jedesmal aufs Neue hervorruft. Interessanterweise war genau dies nicht der Fall, als wir im Rahmen unseres Projekts StudentInnen aus allen ex-jugoslawischen Republiken zu einer Konferenz in Wien zusammenbrachten. Deren Auseinandersetzung mit ihrer eigenen Vergangenheit war von so großer Sachlichkeit und Selbstkritik gekennzeichnet, daß sie gewinnbringend für alle war und deshalb vorbildlich sein sollte.

Für Forschungsförderung und Förderung der Buchpublikation danken wir der Deutschen Stiftung Friedensforschung (DSF) in Osnabrück, der Rosa Luxemburg-Stiftung in Berlin und dem PR-Spezialisten Moritz Hunzinger in Frankfurt.

I. Kapitel: Einführung

1. Propaganda, Public Relations und Journalismus

Auch wer im 21. Jahrhundert etwas über Propaganda schreiben will, tut gut daran, bei Harold D. Lasswell zu beginnen. Ende der zwanziger Jahre des letzten Jhs. veröffentlichte dieser berühmte US-amerikanische Politikwissenschaftler sein Buch »Propaganda Technique in the World War«, einen Klassiker über die Propagandagräuel aller Kriegsparteien im Ersten Weltkrieg (1927a). Nach Lasswell dient Kriegspropaganda vier Zielen: den Hass gegen den Feind zu mobilisieren, die Freundschaft unter den eigenen Verbündeten zu stärken, freundliche Kooperationsmodelle gegenüber neutralen Mächten herzustellen und den Feind zu demoralisieren. Diese Zielsetzungen von Kriegspropaganda haben sich heute bis heute nicht geändert.

Harold D. Lasswell steht paradigmatisch für den Beginn der US-amerikanischen Kommunikationsforschung, und dieser Beginn war ein doppelter. Mit den gleichen Methoden der empirischen Sozialforschung und auf der Grundlage einer gleichen sozialwissenschaftlichen Modellbildung wurden zwei eigentlich sehr unterschiedliche Arbeitsgebiete bearbeitet: zum einen ging es um Kriegspropaganda und zweitens um Konsumgüterwerbung. Dieser Art von Kommunikationsforschung als angewandter Sozialforschung ging es von Anfang an auch um zwei soziale Klientelgruppen, denen die Sozialwissenschaft helfen wollte. Sowohl Regierungen als auch die Werbung treibende Industrie sollten Handlungswissen bekommen. Fühlte sich eine deutsche Kommunikationswissenschaft historisch stets dem Gedanken der Öffentlichkeit verpflichtet und nannte sich genau deswegen »Publizistik«, so war und ist der Mainstream der US-amerikanischen Kommunikationswissenschaft über das Selbstverständnis einer Ingenieurswissenschaft für das Soziale auch heute oft nicht hinaus gekommen. Nicht zufällig gab der US-amerikanische Psychologe Edward Bernay, von vielen Vater der Public Relations (PR) tituliert, einem seiner Bücher den Titel »The Engineering of Consent« (1955).

In seinem Aufsatz über »Die Theorie der politischen Propaganda« (1927b) bestimmte Lasswell sein Verständnis von Kommunikation folgendermaßen: »Propagandastrategien kann man am besten in der Terminologie von Stimulus und Response erklären. Einem Propagandisten geht es um die Vervielfachung der Stimuli, die am ehesten die gewünschte Wirkung erzielen und um Auslöschung der Stimuli, die wahrscheinlich zu unerwünschten Wirkungen führen.« Später schrieb er an anderer Stelle, daß Propaganda die Manipulation von Symbolen sei, um Einstellungen bezüglich kontroverser Themen zu beeinflussen. Lasswells theoretische Modellbildung ging davon aus: Sind die Stimuli erstens nur geschickt genug ausgewählt und werden sie zweitens nur ausreichend häufig genug wiederholt, ist von geglückter Kommunikation zu sprechen, kann eine einheitliche Reaktion seitens der »amorphen Masse« vorausgesetzt werden.

Hinter Lasswells Überlegungen verbirgt sich das Reiz-Reaktions-Modell der etablierten Sozialwissenschaft. Und als Persuasionsforschung, also als eine Kommunikationsforschung, die überreden und überzeugen will, stehen diese Überlegungen nach wie vor Pate für alle etablierten Konzepte der gegenwärtigen Werbewirkungsforschung, der Wirkungs- in der Kommunikationsforschung und auf dem Arbeitsgebiet von PR. Diskreditiert durch den positiv besetzten Propaganda-Begriff in der NS-Zeit – die offizielle Amtsbezeichnung von Joseph Goebbels lautete seit 1933: »Reichsminister für Volksaufklärung und Propaganda« –, grenzen sich Vertreter und Befürworter von PR seit langem vom Propaganda-Begriff ab. So wurden in den USA schon in den fünfziger Jahren des letzten Jhs. die beiden Begriffe »propaganda« und »psychological warfare« politisch unkorrekt und durch Begriffe wie »international communication«, »development communication« und »public diplomacy« ersetzt.

Definitorisch sind auch gegenwärtig die Abgrenzungen zwischen den Begriffen Propaganda und PR keinesfalls zufrieden stellend zu leisten. Weder ist trennscharf zu unterscheiden zwischen »überreden« für Propaganda und »überzeugen« für PR, noch sind inter-subjektiv überprüfbare und messbare Kriterien für »gute« kommunikative Absicht und »gute« Ethik für PR und »schlechte« kommunikative Absicht und »schlechte« Ethik für Propaganda denkbar.

Wie sehr der neue Begriff PR lediglich Neusprech für den alten Begriff Propaganda ist, zeigt der folgende Abgrenzungsversuch von Günter Bentele, Inhaber eines Lehrstuhls für Öffentlichkeitsarbeit und PR an der Universität Leipzig: Eine »umstandslose Gleichsetzung von Öffentlichkeitsarbeit und Propaganda« sei »unter logisch-systematischen Gesichtspunkten und gemessen an der Zielsetzung einer differenzierten PR-Theorie zu simpel. Das Problem dieser Position ist, daß notwendigerweise von gravierenden Unterschieden zwischen nationalsozialistischer Propaganda oder politischer DDR-Propaganda und Öffentlichkeitsarbeit westlichen Typs abstrahiert werden muß« (zit. n. Kunczik 2002, 36).

Doch Benteles Position bleibt aus zwei Gründen problematisch. Erstens huldigt er einem sozialwissenschaftlich fragwürdigen, weil allzu simplen Totalitarismusmodell, dessen Dichotomie Feindbildcharakter aufweist: Propaganda haben nur die anderen, man selbst betreibt Aufklärung und Öffentlichkeitsarbeit. Zweitens aber bekommt Benteles inhaltlich leerer Strukturfunktionalismus erhebliche empirische Probleme, denn ganz offensichtlich kann nicht sein, was nicht sein darf.

In jüngster Zeit hat der finnische Kommunikationswissenschaftler Heikki Luostarinen erneut versucht (2002), den Propaganda-Begriff definitorisch zu präzisieren. So liegt Propaganda aus seiner Sicht dann vor, wenn Texte Konflikte auf verschiedenen Bezugsebenen harmonisieren, wenn sie die Rezipienten emotional besonders intensiv ansprechen, wenn Textangebote polarisieren. Alle diese Definitionsversuche sind unter anderem deswegen fruchtlos, weil sie sich im Rahmen einer nur immanenten Sprach- und Kommunikationslogik bewegen. Sprache aber braucht Gesellschaft, um sich in Propaganda wandeln zu können. Es ist die sozialwissenschaftlich zu bestimmende Größe »Macht«, die hinzu kommen muß, um aus einem Kommunikationsangebot Propaganda werden zu lassen. Und ganz sicherlich verfügen sowohl Regierungen als auch große transnational agierende PR-Unternehmen über diesen Status Macht, der sie befähigt, die Kluft zwischen Kommunikationsangebot und Kommunikationsverarbeitung mit dem Bedeutungsgehalt zu schließen, den sie propagieren wollen. Salopp formuliert heißt das: Propaganda = Sprache + politische Macht.

Es ist inzwischen allgemein bekannt, daß Regierungen PR-Unternehmen damit beauftragen, ihr Image in anderen Ländern aufzubessern. So gab etwa Israel allein im ersten Halbjahr 1991 über fünf Mio. Dollar an acht PR-Firmen zu diesem Zweck aus, Japan bezahlte im gleichen Zeitraum an 58 Agenturen den Betrag von 25 Mio. Dollar, während Saudi Arabien nur 250.000 Dollar für Image-Pflege im Ausland ausgab. Wenig bekannt ist freilich, daß es seit langem von sehr unterschiedlichen Regierungen in Auftrag gegebene und bezahlte PR-Kampagnen gibt, um Feindbilder aufzubauen, Kriege vorzubereiten oder Diktaturen zu beschönigen. Auf einige dieser PR-Kampagnen sei hier zunächst einmal nur verwiesen.

- Der schon erwähnte Edward Bernay, stolz darauf, ein Neffe von Sigmund Freud zu sein, schrieb 1923 nicht nur den PR-Klassiker »Crystallizing Public Opinion«, ein Buch, von dem Goebbels begeistert gewesen sein soll, sondern beteiligte sich zusammen mit der CIA 1954 am Sturz des demokratisch gewählten guatemaltekischen Präsidenten Jacobo Arbenz Guzmán, nachdem er zuvor erfolgreich das Feindbild einer kommunistischen Regierung in Guatemala im Auftrag der United Fruit Company (UFC) insbesondere in den Medien der USA aufgebaut hatte.
- Im Sommer 1968 übernahm die Agentur des englischen PR-Beraters Maurice Fraser von ihrem Bonner Büro aus einen Auftrag der Obristen-Regierung in Athen. Für rd. 2 Mio. DM ging es der griechischen Militärregierung um eine Aufbesserung ihres Bildes im europäischen Ausland.
- Seit dem franko-afrikanischen Gipfel 1989, als Frankreich ankündigte, die Vergabe seiner Entwicklungshilfe an Fortschritte in der Demokratisierung zu koppeln, haben viele schwarzafrikanische Regierungen französische PR-Berater nur zu dem Zweck unter Vertrag genommen, das Bild ihres Landes in Europa zu verbessern (Glaser/Smith 1999).
- Im Golfkrieg von 1991 war, wie weithin bekannt und gut belegt, die Agentur Hill & Knowlton engagiert, die die Weltöffentlichkeit mit Täuschungen über die so genannte Brutkasten-Story (MacArthur 1993) gegen den Irak mobilisierte.

Nicht nur gibt es für PR die schon erwähnten Abgrenzungsprobleme zu Propaganda und Werbung, selbstverständlich und längst sind auch die Grenzen zwischen PR und dem Journalismus schwierig zu ziehen. Nach empirischen Studien von Barbara Baerns (1985) in Deutschland und René Grossenbacher (1986) in der

Schweiz kann als gesichert gelten, daß Öffentlichkeitsarbeit die Medienberichterstattung weitgehend determiniert. Nahezu Zweidrittel aller in den Medien verbreiteten Meldungen kommen von außen, sind nicht selbständig recherchiert, sondern stammen aus Pressestellen von privaten und öffentlichen Institutionen und PR-Agenturen und werden einer Zeitungsredaktion von einem so genannten Medienservice »häppchengerecht« als fertige Artikel angeboten. 80% aller Nachrichten in den Medien stützen sich auf lediglich eine einzige Quelle, und genau diese entpuppt sich bei weiteren Recherchen als eben die Pressestelle, die diese Meldung in Umlauf gebracht hat. Die Symbiose Journalismus/PR gilt für den Konsumgüterbereich genauso wie für die Politik.

Ohne Übertreibung wird man inzwischen von einer Kolonialisierung der Medien durch die PR-Industrie reden können und müssen. Doch dieser Kolonialisierungsprozess findet durchaus seine Zustimmung auf Seiten der Kolonisierten, weniger bei den Journalisten, wohl aber bei Medieninhabern und Zeitungsverlegern, sind sie doch aus betriebswirtschaftlichen Gründen daran interessiert, teure redaktionelle Kosten rigoros zu externalisieren. Zwar unfreiwillig, aber genau auf den Punkt gebracht, hat diese Kolonialisierung der offizielle US-amerikanische Begriff eines »embedded journalism« während des Irak-Krieges: Man liegt miteinander im Bett – ganz offensichtlich ungeniert, öffentlich, schamlos.

Sicherlich: Im Verhältnis von PR zu Journalismus sind die Journalisten nicht passiv und nicht völlig machtlos, sie können ihre Rolle als Torhüter aktiv gestalten und das eingehende Info-Material selektieren. Aber: Das institutionelle und finanzielle Machtverhältnis zwischen den beiden Größen PR und Journalismus verschiebt sich seit langem immer mehr zuungunsten des Journalismus. Der PR-Sektor wächst schneller als der Journalismus: In den USA gab es Anfang der neunziger Jahre rd. 160.000 PR-Praktiker, aber nur noch rd. 120.000 Journalisten. Leiden Journalisten in einem hochgradig durchrationalisierten Berufsfeld an billiger Konkurrenz durch Freiberufler sowie an Aktualitätsdruck im Berufsalltag und sind auf vorgefertigte Agenturmeldungen angewiesen, so kann die PR-Branche ihre Arbeit strategisch und langfristig vorbereiten, verarbeiten und nachträglich evaluieren. Spoon feeding (= abfüttern der Medien mit Informationen), spinning (= politische PR im Hintergrund) und whistleblowing (= jemanden in die Pfanne hauen) sind zum ganz alltäglichen Normalzustand des Journalismus geworden (Russ-Mohl 1999).

Der Fernsehreporter Thomas Leif (2001) argumentiert, daß es dieses prostitutive Verhältnis von Journalismus und PR ist, daß das Verhältnis zwischen Politik und Medien nachhaltig beeinflußt, daß es notwendigerweise folgende Trends in der Medienberichterstattung begünstigt: Zunahme von Unwichtigem, Informationsverdünnung, Personalisierung, Unernsthaftigkeit, Nebensächlichkeiten, bewußtes Weglassen von Wichtigem, Inszenierungen und Dauer-Unterhaltung. Ist dieses bereits der strukturelle Dauerzustand medialer Berichterstattung im Frieden, dann drängt sich die Frage auf, wie die gleichen Mechanismen bei der Berichterstattung über Krieg aussehen.

II. Kapitel: Das Engagement von PR-Agenturen in den ex-jugoslawischen Kriegen

1. Der Foreign Agents Registration Act (FARA) in den USA

Der Foreign Agents Registration Act (FARA), der 1938 in den USA verabschiedet wurde, ist nur vor dem Hintergrund eines deutsch-US-amerikanischen Propagandakrieges zu verstehen. Dieses US-amerikanische Gesetz, das »agents of foreign principals« zur Offenlegung ihrer Aktivitäten im US-amerikanischen Justizministerium zwingt, war eine US-amerikanische Antwort auf die intensive deutsche Propagandatätigkeit in den USA, und es ist keinesfalls zufällig, daß die Ministerialabteilung, die auch heute noch für die Handhabung und Kontrolle dieses Gesetzes zuständig ist, die gleiche ist, in der sich auch eine Abteilung für Gegenspionage befindet. In seiner 1966 wesentlich erweiterten Form verlangt dieses Gesetz folgendes:

- Jeder Bevollmächtigte eines ausländischen Auftraggebers muß im US-amerikanischen Justizministerium (DOJ) in einer Akte detaillierte Angaben über die Bevollmächtigung hinterlegen: Art des Vertrages, Höhe der Einnahmen und eigenen Ausgaben für den ausländischen Auftraggeber. Diese Angaben sind öffentlich zugänglich; sie müssen alle sechs Monate erneuert werden.
- Geht es bei einem Kontrakt um Dienstleistungen mit der Ware Information, ist in der DOJ-Akte sichtbar zu machen, welcher Art diese Dienstleitung ist (in manchen DOJ-Registrierungsformularen gibt es die Frage nach der »political propaganda«) und in welcher Form sie durch den Bevollmächtigten durchgeführt wird. Der Bevollmächtigte muß eine Kopie dieser Akte dem Staatsanwalt zur Verfügung stellen.
- Jeder Bevollmächtigte, der vor einem Ausschuss des US-Kongresses als Zeuge vernommen wird, muß diesem Ausschuss eine Kopie seiner entsprechenden DOJ-Akte vorlegen.
- Der Bevollmächtigte muß bei sich selbst genaue Akten über die gesamte Vertragsdauer anlegen. Auf Verlangen müssen auch diese Akten der Staatsanwaltschaft zugänglich gemacht werden.
- Spätestens zehn Tage nach Vertragsabschluß muß der entsprechende Vorgang dem Justizministerium mitgeteilt werden.
- Der Begriff »ausländischer Auftraggeber« gilt sowohl für individuelle Personen, für Organisationen, für politische Parteien oder alle anderen juristischen Personen, die ausländischem Recht unterstehen oder schwerpunktmäßig im Ausland tätig sind. Er gilt grundsätzlich nicht für US-Bürger, auch wenn diese im Ausland leben.
- Die Qualität »Bevollmächtigter eines ausländischen Auftraggebers« ist nicht nur dann gegeben, wenn Geldmittel fließen, sondern gilt auch für nicht-finan-

zielle Aufträge und Anforderungen an den Bevollmächtigten und dessen Kontrolle durch einen ausländischen Auftraggeber, und zwar besonders dann, wenn es sich hierbei um politische Aktivitäten und/oder um PR handelt.

Diese Gesetzesbestimmungen machen deutlich, daß das FARA-Gesetz Propaganda für ausländische Institutionen nicht verhindern will. Vielmehr will es solche Propaganda über eine gesetzlich vorgeschriebene Registrierung transparent machen. Und mit dieser Absicht legte der US-amerikanische Gesetzgeber einen von vielen juristischen Grundsteinen für die für die USA typischen umfangreichen Informationszugangsrechte wie später dann insbesondere den Freedom of Information Act (FOIA) von 1967. Kritische Wissenschaftler wie Jessica Staples Butler (2001) können aber auch den Nachweis führen, daß die US-Regierung mit dem FARA-Gesetz durchaus politisch-opportunistisch umgeht. Ein wahlweise laxer oder strenger Umgang mit diesem Gesetz eröffnet der US-Regierung auch die Möglichkeit, bestimmte ausländische Themen in den inländischen Medien zu pushen oder zu unterdrücken.

2. *Profile der in Ex-Jugoslawien engagierten PR-Agenturen*

Im wechselseitigen Abhängigkeitssystem »Regierungen/PR-Agenturen in Kriegszeiten« haben wir in den FARA-Unterlagen des Department of Justice insgesamt 157 Halbjahresverträge zwischen ex-jugoslawischen Kunden und 31 verschiedenen PR-Agenturen sowie neun Einzelpersonen für den Zeitraum der Kriege in Ex-Jugoslawien von 1991 bis 2002 erfasst. Aus vielfältigen Gründen ist davon auszugehen, daß es sich bei den von uns identifizierten 157 Verträgen nur um die Spitze eines Eisbergs handelt. Die wirkliche Zahl solcher Kontrakte muß wesentlich höher sein.[1]

---

1 Eine wissenschaftliche Analyse der im DOJ vorhandenen FARA-Dokumente unterliegt einer Reihe von methodischen Unzulänglichkeiten: 1. Es gibt über bestimmte »foreign agents« und bestimmte Länder uneinheitlich viele und inkonsistent viele Dokumente. Die elektronische Recherche über die homepage (http://www.usdoj.gov/criminal/fara) förderte bei weitem weniger Dokumente zu Tage als unsere persönliche Recherche vor Ort und im persönlichen Umgang mit FARA-Mitarbeitern. 2. Es gibt unterschiedliche Registrierungsformulare, und diese sind sowohl in quantitativer als auch in qualitativer Hinsicht sehr ungleich ausgefüllt. Das reicht von sehr detailliert bis zu oberflächlich und schlampig. 3. Manche Dokumente unseres Samples verdanken wir Zufallsfunden freundlicher Mitarbeiter im DOJ.
Unterliegt also die Validität von FARA-Akten aus den genannten internen Gründen vielfachen Einschränkungen, so erfährt die Validität von Aussagen über wechselseitige Abhängigkeiten zwischen den Akteuren »Regierungen« und »PR-Agenturen« in Kriegszeiten weitere, sehr drastische Beschränkungen. 1. Wenn es denn in Kriegszeiten ganz generell eine Korridor- oder Tunnelbildung in den Medien gibt, also eine Einengung von Öffentlichkeit, dann gilt das erst recht für das hochsensible Abhängigkeitsgeflecht zwischen Regierungen und PR-Agenturen. 2. Im Zeitalter weltweiter elektronischer Kommunikation

Dieser von uns erstmals umfassend bearbeitete Komplex, auch wenn er nur einen kleinen Ausschnitt aus einem buchstäblich unübersehbaren Geflecht von Kommunikationskanälen und -strategien darstellt, kann repräsentativ deutlich machen, wie sehr mediale Berichterstattung von »Informationen« und Image-Bildungen durchdrungen ist, die im Hinblick auf eine größtmögliche positive Breitenwirkung »vorgefertigt« und »fabriziert« sind. Methodisch gesehen stellt sich hier generell die Frage nach dem Verhältnis zwischen Macht und Information. Während sich in Friedenszeiten und auch im innenpolitischen Kontext PR-Strategien immer kritisch von Seiten der Medien durchleuchten und hinterfragen lassen, so wird dies bei außenpolitischen Fragen und in internationalen Konflikten und Krisen nicht zuletzt durch einige strukturelle Gesetzmäßigkeiten der außenpolitischen sowie Krisen- bzw. Kriegsberichterstattung erheblich erschwert.

Zum einen steigt in Zeiten von sich zuspitzenden internationalen Konflikten der Bedarf an schnellen und umfangreichen Informationen und die Notwendigkeit, schneller und umfangreicher zu informieren als die Konkurrenz, deutlich, so daß kaum Raum bleibt für eine Überprüfung der zugespielten Informationen.

Wenn diese dann auch noch aus einer Quelle kommen, die allgemein als glaubwürdig gilt oder als solche eingestuft wird, entfällt die Notwendigkeit zur Hinterfragung meist völlig. Zum anderen lassen sich Gegebenheiten oder Ereignisse, die sich Tausende von Kilometern weit weg abspielen, selbst in Medien, die mit einem großen Korrespondentennetz ausgestattet sind, vor Ort objektiv oft schwer nachvollziehen. Im Krieg kommt hinzu, daß es im Interesse von Militärs und Kriegsparteien ist, solche Überprüfungen zu verhindern, die ihnen selbst schaden könnten.

---

und bei der Ubiquität privatwirtschaftlich handelnder Akteure sind viele internationale Geschäfte mit den Kriterien von FARA nicht erfassbar. 3. Innerhalb der USA ist es gesetzlich verboten, vom Kongress bewilligte, also öffentliche Gelder für Lobbying und Propaganda (PR) gegenüber dem Kongress und allen Ebenen der Regierungsorgane zu verwenden. Ebenso ist es untersagt, Propagandaarbeit mit öffentlichen Geldern zu bezahlen. Dieses Verbot schließt jedoch den sehr dehnbaren Begriff »öffentliche Informationskampagnen« (»public information campaigns«) innerhalb der USA sowie die Indienstnahme von PR-Agenturen von Seiten der Regierung außerhalb der USA aus. Ein öffentlich zugänglicher Nachweis, den FARA-Gesetzen vergleichbar, muss für solche Tätigkeiten jedoch nicht erbracht werden, so dass auch diese nicht systematisch erfassbar sind. 4. Eine den FARA-Gesetzen vergleichbare Gesetzgebung gibt es nach unseren Recherchen in keinem anderen Land der Welt. Das aber heißt, dass man die PR-Aktivitäten anderer nichtamerikanischer und ebenfalls weltweit operierender PR-Agenturen (z.B. Havas und Euro-RSCG aus Frankreich, Dentsu aus Japan oder Saatchi & Saatchi aus England), die ebenfalls für Regierungen in Kriegszeiten arbeiten, nicht systematisch erfassen kann. 5. Aus diesem Grund können wir z.B. auch keine Aussagen über die Tätigkeit kleinerer PR-Agenturen innerhalb der ex-jugoslawischen Länder gegenüber ihren jeweils eigenen nationalen Publika machen.

Grafik 1:
Systematik der 157 Beratungsverträge zwischen US-amerikanischen PR-Firmen und ex-jugoslawischen Regierungen in den Unterlagen des Foreign Agents Registration Act (FARA) im US-amerikanischen Justizministerium (DOJ) (1991-2002)

Serbische Kriegsgegner	Zahl der Verträge lt. FARA	Zeiträume	Bekannte Honorare (gerundet in US-Dollar)
Kroatien	30	1991-95; 1997-2002	5.013.000 $
Kosovo-Albaner	24	1992-2002	1.315.000 $
Bosnien-Herzegowina	10	1992-93; 1997-99	923.100 $
Slowenien	19	1992-93; 1995-96; 1998-2002	187.300 $
Gesamt:	83	1991-2002	7.438.400 $

	Zahl der Verträge lt. FARA	Zeiträume	Bekannte Honorare (gerundet in US-Dollar)
Montenegro	21	1997-2002	2.409.900 $

Serbische Seite	Zahl der Verträge lt. FARA	Zeiträume	Bekannte Honorare (gerundet in US-Dollar)
Jugopetrol	3	1992	300.000 $
Republika Srpska Krajina	2	1992-93	15.600 $
Kronprinz Aleksandar II.	1	1992	-----
Milan Panić	2	1993	351.000 $
Republika Srpska (Bosnien)	13	1995-2000	50.000 $
Bogoljub Karić	1	1997	60.000 $
Botschaft der BR Jugoslawien (unter Milošević)	1	1998	450.000 $
Botschaft der BR Jugoslawien	8	1998-2002	-----
Regierung der BR Jugoslawien (unter Koštunica)	6	2000-2001	350.000 $
Serbische Regierung (unter Djindjić)	4	2001	40.700 $
Vereinigung freier und unabhängiger Gewerkschaften	1	2002	-----
Gesamt:	42	1992-93; 1995-2002	1.617.300 $

	Zahl der Verträge lt. FARA	Zeiträume	Bekannte Honorare (gerundet in US-Dollar)
Mazedonien	11	1992; 1999-2002	446.000 $

Vor diesem Hintergrund gewinnt der bereits erwähnte Umstand, daß die PR-Branche in den USA mehr Mitarbeiter beschäftigt als alle US-Medien zusammen, an erheblicher Bedeutung. Zumindest quantitativ ist damit das – vor allem gezielte – Wirk- und Einflußpotential von Informationen, die über PR-Agenturen laufen, stärker und größer als das der Medien. Diese Tatsache steht in enger Wechselwirkung mit einer anderen, nämlich der, daß das Engagement von PR-Firmen in den USA als ein völlig normaler Bestandteil von Öffentlichkeitsstrategien gleich welcher Art und Zielsetzung angesehen wird.

Die Wirkmächtigkeit von PR-Agenturen auf Informationsflüsse lässt sich jedoch nicht nur quantitativ bemessen, sondern auch qualitativ. Herausragende Agenturen und ihre Mitarbeiter zeichnen sich vor allem durch eine starke soziale und politische Vernetzung aus, also durch kommunikative Kompetenz; erst in zweiter Linie sind Kreativität und Kenntnisse des handwerklichen Rüstzeugs gefragt. So sind in den großen PR-Agenturen der USA, insbesondere unter dem Führungspersonal, ehemalige Kongreßabgeordnete, Senatoren, Mitarbeiter der US-Administration und der Geheimdienste oder andere ehemalige öffentliche Funktionsträger aber auch frühere Führungskräfte aus der Wirtschaft überproportional repräsentiert. Unter den zahlreichen Beispielen für diesen Mechanismus des Macht- und Wissenstransfers, der auch die Medien und Universitäten als wichtige Instanzen umfaßt, seien zwei genannt, die in den Balkan-Kriegen eine Schlüsselrolle gespielt haben:

- Susan Molinari, ehemals Mitglied des New Yorker Stadtrats, von 1990 bis 1997 republikanische Kongressabgeordnete und in dieser Zeit laut Selbstauskunft die »höchst rangierte Frau im US-Kongreß«, danach u.a. Nachrichtenmoderatorin des TV-Senders CBS, wurde Vorsitzende und Geschäftsführerin der PR-Agentur The Washington Group mit zahlreichen Positionen in Aufsichtsräten und politischen Gremien.
- Ein anderer Fall ist Charles E. Waterman, der einige führende Funktionen innerhalb der CIA inne hatte, für die er auch mehrfach ausgezeichnet wurde, bevor er die PR-Firma Jefferson Waterman International gründete.

Umgekehrt rekrutieren sich die politischen Eliten und ihre Berater oft aus dem Umfeld von PR-Agenturen. Eines von vielen Beispielen ist die Pentagon-Sprecherin Victoria Clarke, die Leiterin des Washingtoner Büros von Hill & Knowlton war, bevor Verteidigungsminister Donald Rumsfeld sie in seinem Ministerium anstellte.

Ein weiterer wichtiger struktureller Aspekt, der große, vor allem US-amerikanische PR-Agenturen qualitativ und quantitativ zu einem Machtfaktor macht, ist ihre Globalisierung, die aus der Notwendigkeit der »Anpassung von Dienstleistungsunternehmen aus dem Werbe-, PR- und Marketingsektor an die Bedingungen weltweiter Vernetzung und die zunehmende Internationalisierung ihrer Kunden« resultiert (Kunczik u.a. 2000, 316). Die so entstandenen Netzwerke können verschiedene Organisationsformen annehmen wie etwa Joint Ventures, strategische Allianzen oder Franchise-Systeme. Im Bereich der internationalen Werbe-,

PR-, Consulting- und Marketingagenturen dominiert jedoch die Form der (Finanz-)Holding, die über die Einrichtung von Niederlassungen, Gründung von Tochterunternehmen, über Beteiligungen, Übernahmen oder feste Kooperationen ein weltweites Agentur-Netzwerk aufbaut. Durch die Zusammenführung unterschiedlicher Dienstleister (Werbung, PR, Marketing, Consulting) unter einem Dach wird das Leistungsspektrum der Anbieter erheblich potenziert und auf praktisch alle Bereiche der Kommunikationsdienstleistungen erweitert.

Die PR-Agenturen, die für Kunden aus Ex-Jugoslawien tätig waren, weisen in den meisten Fällen die beschriebenen Potentiale und Profile auf. So gehört die bereits erwähnte Washington Group mit der einflußreichen Susan Molinari als Vorsitzender und Geschäftsführerin zur Agentur Ketchum, die wiederum ein Teil der Omnicom Group ist, eines Kommunikationsdienstleistungskonzerns, der nach Einschätzung der Fachzeitschrift *Advertising Age* im Jahre 2002 das Top-Kommunikationsunternehmen (weltweit) stellte. Omnicom, WPP und die Interpublic Group of Companies (IPG) sind drei der zehn größten Werbeholdings, die gemeinsam etwa ein Drittel der globalen Kommunikationsausgaben unter sich aufteilen (Kunzcik u.a. 2000, 322). Die Washington Group war laut FARA von Januar 1998 bis Juli 1999 für die Führung der Kosovo-Albaner tätig (in den Verträgen werden als Kunde die »Regierung von Kosova« mit Sitz in Bonn und als Honorar eine Gesamtsumme von knapp 400.000 Dollar genannt), in einer Phase also, in der die Krise im Kosovo von einem Konflikt niederer Intensität zum NATO-Krieg eskalierte.

Ein anderes Beispiel für eine auf dem Balkan engagierte und von ihrer Struktur her außerordentlich profilierte und potente Firma ist Jefferson Waterman International (ehemals Waterman & Associates), von Anfang 1993 bis August 1995 und für eine Summe von 800.000 Dollar im Dienste der kroatischen Regierung tätig. In diesem Zeitraum wurde die kroatische Großoffensive auf die serbisch gehaltene Krajina medial und militärisch vorbereitet und am 4. August 1995 durchgeführt.

Von den vier Führungsposten der Agentur Jefferson Waterman International sind zwei mit ehemaligen hochrangigen CIA-Mitarbeitern besetzt, nämlich Charles E. Waterman als Geschäftsführer und Daniel C. Arnold als Vorstandsmitglied; ein weiteres Mitglied des dreiköpfigen Vorstands ist Rüstungsunternehmer Fuad J. Kawar, der sich als Experte für strategische Beratung auf ein großes Netz von Partnern weltweit stützt. Das Angebot von Jefferson Waterman International umfaßt neben allgemeiner PR auch die Bereitstellung internationaler politisch-militärischer Analysen sowie entsprechender Informationen, die aus Insider-Wissen stammen. Neben den Regierungen von Kroatien, Bulgarien, Rumänien, Algerien, Korea oder Jamaika gehören zu den früheren oder aktuellen Kunden von Jefferson Waterman International u.a. das Center for Arms Control, die American Military University oder Stiftungen und Einrichtungen, die nicht näher definierbare Interessen für Myanmar, Kuwait oder Qatar verfolgen.

Charakteristisch für die Wirksamkeit der Arbeit der beiden genannten PR-Agenturen sind nicht nur ihre strukturellen Vernetzungen innerhalb der globalen

Kommunikationsbranche und die politisch-militärischen Kompetenzen des Führungspersonals, sondern auch die kurzen Wege, die sie zu Meinungsführern, politischen Entscheidungsträgern und den zentralen Medien haben. Dies gilt außerdem auch für die PR-Firma Ruder Finn, nach unseren Erkenntnissen die erste, die in den Balkan-Kriegen engagiert wurde und die mit ihren Aktivitäten entscheidende kommunikative Weichenstellungen vornahm. Im August 1991 erhielt Ruder Finn von der kroatischen Regierung den Auftrag, für sie zu arbeiten, im Mai 1992 von der bosnischen Regierung und im Herbst desselben Jahres von der Führung der Kosovo-Albaner. Damit ist Ruder Finn die einzige PR-Agentur, die im Krieg für alle drei nicht-serbischen Kriegsparteien gleichzeitig tätig war.

Die Agentur Ruder Finn, die seit Jahren ausweislich der Branchen eigenen Ranglisten zusammen mit Hill & Knowlton oder Ketchum zu den 20 weltweit führenden PR-Firmen zählt, unterscheidet sich von der Washington Group oder Jefferson Waterman International zwar nicht in ihrem Einflusspotential, wohl aber in ihrem Auftritt – einer ausgeprägt ethisch orientierten Firmenphilosophie. Das liegt vor allem an der Geschichte der Agentur, die 1948 das Konzept des Kunst- und Kultursponsoring entwickelte und zum Markenzeichen machte.

David Finn, mit Bill Ruder Gründer der Firma und heute noch ihr Vorsitzender, ist nicht nur anerkannter Fotograf, Maler und Autor vom mehr als 70 Büchern, sondern zählt zu den führenden PR-Ethikern und herausragenden gesellschaftlichen Persönlichkeiten in den USA. Dabei erklärt David Finn (1994) seine schöngeistig-philosophischen Ambitionen und ethischen Prinzipien mit seiner jüdischen Herkunft: »In meiner Familie bedeutete Jüdischsein immer, sich dem Lernen zu widmen, und eine Verpflichtung, sich ethisch zu verhalten.« Weiter führt Finn aus, wie sich die jüdische ethische Tradition auf seine Arbeit niederschlägt: »Wenn es etwa um die moralischen Folgen von Geschäftsentscheidungen geht, sucht das Ethik-Komitee unserer PR-Firma weisen Rat, um unser Denken zu leiten.« Deshalb, so David Finn weiter, habe man beispielsweise vor Jahren dank des Ratschlags eines erfahrenen Professors einen gut dotierten Auftrag der griechischen Tourismus-Branche gekündigt, als dort die Militärdiktatur installiert wurde.

Das Image, mit dem sich Ruder Finn schmückt, ist ein wichtiger Faktor im Kommunikations-Setting der Balkan-Kriege, da es vorgibt, die Firma würde mit höchsten ethischen und moralischen Ansprüchen agieren. Wie noch zu sehen sein wird, konnten unter dieser Voraussetzung die Kernbotschaften der von Ruder Finn vertretenen Kriegsparteien moralisch verbrämt und mit einem hohen Maß an Glaubwürdigkeit plaziert werden.

Eine zentrale Rolle in der Formulierung und Durchführung der PR-Maßnahmen im Auftrag der Regierungen von Kroatien und Bosnien sowie der Führung der Kosovo-Albaner spielte von Anfang an James Harff, Direktor der Ruder Finn-Abteilung »Global Public Affairs«, die sich, wie der Name schon sagt, mit internationaler Public Relations befasst. James Harff gehört zu den Persönlichkeiten der Washingtoner PR-Szene, die beste Kontakte sowohl zur US-Administration als auch zu internationalen Organisationen und zu Medien auch außerhalb der

USA haben. Er arbeitete als Journalist für zahlreiche US-amerikanische Medien und war Stabschef dreier Mitglieder des US-Kongresses, bevor er sich als Spezialist für Regierungsbeziehungen, Lobbying, internationale PR, Krisenkommunikation und Medien einen Namen in der PR-Branche machte. 1997 verließ James Harff Ruder Finn, um seine eigene PR-Firma Global Communicators zu gründen.

Kennzeichnend für die Arbeit von Ruder Finn im Auftrag der drei Kriegsparteien – und eher unüblich für das nüchtern dienstleistungsorientierte Selbstverständnis der Branche – ist das hohe Maß an Identifikation mit den Anliegen und Zielen der Kunden, das sowohl David Finn als auch James Harff mehrfach dokumentiert haben. So ist James Harff äußerst emotional, wenn er über seine mehrjährige Tätigkeit für die Kriegsparteien spricht. In einem uns exklusiv vorliegenden Interview, das für die holländische TV-Dokumentation »De Zaak Milošević« gedreht und nur in Auszügen ausgestrahlt wurde, erklärt er: »Es ist in unserem Blut, wir haben den Balkan im Blut wegen der persönlichen und professionellen Erfahrungen. [...] Wir haben uns sehr große Sorgen um das Kosovo gemacht, und natürlich war die NATO-Aktion von 1999 ganz sicher angemessen, wenn auch verspätet. [...] Ich muß sagen, als die NATO 1999 angriff, haben wir eine Flasche Champagner aufgemacht.« (Harff 2003). Ruder Finn und James Harff hatten und haben sich die politischen und militärischen Ziele der Kriegsparteien zu eigen gemacht.

Obgleich alle ex-jugoslawischen Konfliktparteien, also auch die serbische, mit Hilfe von PR-Arbeit die Politik der USA zu ihren Gunsten beeinflussen wollten, muß insgesamt gesehen festgestellt werden, daß es ein starkes quantitatives und qualitatives Gefälle zwischen den betreffenden Bemühungen der serbischen Seite und denen ihrer Kriegsgegner gab. Das lag zum einen an dem, was man als autistische Trotzhaltung des serbischen Regimes gegenüber der eigenen wie auch der ausländischen Öffentlichkeit interpretieren kann, zum anderen aber konnte es sich aus Imagegründen auch keine ausländische Agentur erlauben, jedenfalls nicht offiziell, das gegen den »outcast« Serbien verhängte totale Wirtschafts- und Handelsembargo zu durchbrechen. Schließlich lassen sich an der Liste der unterschiedlichen serbischen Auftraggeber sehr disparate und divergierende Kommunikationsinteressen erkennen: die staatliche Firma Jugopetrol, der jugoslawische (serbische) Thronfolger Prinz Aleksandar Karadjordjević, ein ausgesprochener Milošević-Gegner, der zeitweilige jugoslawische Premier Milan Panić, besorgt um sein Image als erfolgreicher US-amerikanischer Geschäftsmann, der serbische Unternehmer Bogoljub Karić, kurzfristig, aber spät (1998), auch die Milošević-Regierung selbst.

Bedenkt man, daß die Führung der bosnischen (aber auch die der kroatischen) Serben ihre eigenen PR-Aktivitäten verfolgte und die Regierung in Montenegro, unterstützt von PR-Maßnahmen, eine Abspaltungspolitik von Belgrad betrieb, so bestand auf serbischer Seite alles andere als eine einheitliche Öffentlichkeitsstrategie, ein Umstand, der eine positive und kongruente Imagebildung im Sinne einer »corporate identity« und die Formulierung politischer Ziele gegenüber Dritten erheblich erschwerte, wenn nicht unmöglich machte. Daneben sind die PR-

Agenturen, die für serbische Kunden gearbeitet haben, weitaus weniger profiliert und hinsichtlich ihrer strukturellen Vernetzungen innerhalb der globalen Kommunikationsbranche weitaus weniger mächtig. So ist beispielsweise die Agentur Wise Communications weitab vom Washingtoner Kommunikationsknoten und Lobbyzentrum in Cincinnati (Ohio) ansässig und hat sich nur durch einige lokale Fernsehproduktionen einen Namen gemacht. Eine Ausnahme bildet die PBN Company, eine in den USA ansässige russische Firma, die in den Jahren 1999 und 2000 das Image der bosnischen Serbenrepublik in den USA verbessern sollte und Büros u.a. in Washington, London, Moskau, Kiew und Riga besitzt. Zu ihren Kunden zählen neben den Regierungen der Ukraine, Kasachstans, Kanadas, Moldawiens und Dubais die Weltbank, die Europäische Bank für Wiederaufbau und Entwicklung sowie der World Wildlife Fund.

3. Von FARA nicht erfaßte PR-Agenturen

Wie bereits erwähnt, lassen sich die PR-Aktivitäten nicht-US-amerikanischer Firmen für ausländische Konflikt- und Kriegsparteien nicht systematisch erfassen, da es außer in den USA in keinem anderen Land der Welt eine Gesetzgebung gibt, die in diesem Bereich wenigstens ansatzweise Transparenz schaffen würde. Das gleiche gilt für PR-Agenturen, die in Kriegszeiten für die US-Regierung oder US-amerikanische Kunden tätig sind. So vergab beispielsweise das Pentagon im Jahre 2005 an die drei PR-Agenturen Lincoln Group, SYColeman Inc. und Science Applications International Corp. PR-Aufträge in einer Gesamthöhe von 300 Mio. US-$, um das Bild der USA im irakischen Kriegseinsatz in den Massenmedien positiv darzustellen (O'Connor/Hoffman 2005). Da es zu derartigen Informationen aber keinen systematischen Zugang gibt, hängt die Möglichkeit einer wissenschaftlichen Auswertung der Aktivitäten solcher PR-Agenturen von Zufallsinformationen, journalistischen Enthüllungen oder der Bereitschaft zur Zusammenarbeit der betreffenden Agenturen ab und sind deswegen stark begrenzt.

Im Mai 1999, auf dem Höhepunkt des Kosovo-Krieges, heuerte die Clinton-Administration Leslie A. Dach, den Vizevorsitzenden der PR-Firma Edelman PR Worldwide und Leiter ihres Washingtoner Büros an. Dach bekam einen 30-Tage-Vertrag und wurde dem Stabschef des Weißen Hauses, John Podesta, zur Seite gestellt, um den Krieg in der Öffentlichkeit besser zu »verkaufen«. Edelman PR Worldwide gibt in der Selbstdarstellung an, die größte unabhängige PR-Agentur der Welt zu sein. Im Ranking der US-Branche ist sie unter den ersten zehn zu finden. Leslie A. Dach wiederum ist bekannt als ein alter Krisenmanager und Kommunikations- und Wahlkampfstratege der Demokraten und hat als solcher u. a. für Jimmy Carter, Senator Kennedy und Michael Dukakis gearbeitet. Er zählt zu den einflussreichsten PR-Fachleuten in den USA.

Ein ebenfalls nicht in den FARA-Akten verzeichnetes Engagement ist das der PR-Agentur Rendon Group für den Generalstab der US-Armee und deren europäisches Kommando (EUCOM) im Anschluß an den Kosovo-Krieg und zur Unterstützung der Arbeit der KFOR (Kosovo Force) in der südserbischen Provinz. Die Rendon Group ist langjähriger Vertragspartner des Weißen Hauses, des Pentagon und der CIA, die sie beispielsweise Mitte der neunziger Jahre beauftragt hatte, dem irakischen Nationalkongreß, einer Gruppe von US-gesponserten irakischen Oppositionellen, ein positives Image zu verpassen. In Bosnien sah John Rendon 1997 einen riesigen Wiederaufbau-Markt und entwickelte – unter Vertrag bei der USAID – eine Kampagne zur Privatisierung, mit der vor allem US-Investoren angelockt werden sollten. Die Rendon Group hat bisher – und meist im Auftrag der US-Administration – in 80 Ländern operiert, davon in zahlreichen Konfliktgebieten. In einer Rede vor der Nationalen Sicherheitskonferenz 1998 beschrieb sich John Rendon, der seine Karriere als Öffentlichkeitsarbeiter wie Leslie A. Dach bei den Demokraten Carter und Dukakis begann, als »information warrior« und »perception manager«.

Welche PR-Firmen sonst noch in Dienst genommen wurden, um der US-Administration vor allem im Kosovo-Krieg mit Rat und Tat zur Seite zu stehen, ist schwer zu eruieren. Daß Consulting-Firmen und PR-Agenturen der NATO halfen, ihr Image zu verbessern und Informationen zu steuern, ist ein sich hartnäckig haltendes, aber bislang unbewiesenes Gerücht. Bekannt ist nur, daß die NATO mitten im Kosovo-Krieg ihre PR-Arbeit neu und professionell organisierte, das MOC (Media Operations Centre) einrichtete und den britischen spin-doctor Alistair Campbell zum unangefochtenen Kommunikationschef ernannte (Stourton 1999).

Dank der Kooperation von Moritz Hunzinger, ehemals Vorstandsvorsitzender des Mediendienstleisters Hunzinger Information AG, konnten wir im Rahmen unseres Projekts auch das Engagement einer deutschen Public Relations-Firma auf dem Balkan exemplarisch untersuchen. Vor dem Kosovo-Krieg, während des Krieges und danach kooperierte Hunzinger mit mehreren Persönlichkeiten, die auf unterschiedliche Weise in die militärische Auseinandersetzung involviert waren: dem Bundesverteidigungsminister Rudolf Scharping, dem damaligen Oppositionsführer und späteren serbischen Premierminister Zoran Djindjić und General Klaus Reinhardt, Befehlshaber Alliierte Landstreitkräfte Europa Mitte und Befehlshaber Joint Command Centre der NATO, später Oberbefehlshaber der KFOR. Alle drei verband im Hinblick auf den Balkan ein gemeinsames Interesse – die Regierung in Belgrad (militärisch) zu stürzen.

Als einer der PR-Pioniere in Deutschland und im Alter von zwanzig Jahren eröffnete Moritz Hunzinger 1979 sein Stammhaus in Frankfurt und entwickelte in mehr als zwei Jahrzehnten ein wirksames Netz von Kontakten zwischen relevanten Entscheidungsträgern und Weichenstellern sämtlicher Ebenen in Wirtschaft, Politik, Verwaltung und Medien. Im Bereich der politischen PR wurde er führend in Deutschland, wozu seine regelmäßig durchgeführten Parlamentarischen Abende und Politischen Salons beitrugen, auf denen er Vertreter aus Wirtschaft, Politik, Medien und Rüstungsindustrie zusammenführte. Bis zur feindlichen Übernahme der Hunzinger Information AG an der Börse und der Neubesetzung des Aufsichtsrates im April 2004 zählten zu Aufsichtsratmitgliedern des Mediendienstleisters der ehemalige Ministerpräsident der DDR Lothar de Maizière, General a.D. Günter Kießling, die ehemaligen Präsidenten des Bundesamtes für Verfassungsschutz Peter Frisch und Richard Meier, Kanzleramtsminister Martin Bury und Medienmanager Helmut Thoma. Die aktuellen und ehemaligen Kundenlisten umfassen Namen wie Bill Gates, Microsoft, Swatch, Bertelsmann, die Deutsche Bahn AG, Goodyear, Lufthansa, Mannesmann, Sony, Siemens Nixdorf, den rumänischen Präsidenten Emil Constantinescu, den österreichischen Bundeskanzler Wolfgang Schüssel, den ehemaligen Wirtschaftminister Martin Bangemann, den libyschen Staatschef Muamer el Gaddafi oder eine Rüstungsfirma wie die Ferrostaal AG. Einer großen Öffentlichkeit bekannt wurde Moritz Hunzinger erst im Juli 2002, als seine geschäftlichen Beziehungen zu Rudolf Scharping, den Bundesverteidigungsminister, das Amt kosteten. Fast unbekannt blieben bislang aber seine Balkan-Aktivitäten.

III. Kapitel: Die Kommunikationskonzepte der PR-Agenturen in den Balkan-Kriegen

Eine Analyse der FARA-Dokumente zu den Balkan-Kriegen zeigt, daß es definitorisch schwierig ist, einzelne Kommunikationskonzepte und -formen voneinander abzugrenzen. Die von den Kriegsparteien engagierten PR-Agenturen arbeiteten im wesentlichen mit folgenden Elementen, die sie formal und inhaltlich miteinander kombinierten: politische Propaganda, Lobbying, Krisenkommunikation, Medienkommunikation, Informationsmanagement, Issues Management, Public Affairs (also politische Kommunikation), Consulting und Intelligence.

PR-Agenturen, die für nicht-serbische Klienten arbeiteten, gaben folgende Ziele ihrer Arbeit an:
- die Anerkennung der Unabhängigkeit Kroatiens und Sloweniens durch die USA,
- die Wahrnehmung Sloweniens und Kroatiens als fortschrittliche Staaten westeuropäischen Zuschnitts,
- die Darstellung der Serben als Unterdrücker und Aggressoren,
- die Gleichsetzung der Serben mit den Nazis,
- die Formulierung des politischen Programms der Kosovo-Albaner,
- die Darstellung der Kroaten, der bosnischen Muslime und der Kosovo-Albaner als ausschließlich unschuldige Opfer,
- die Anwerbung von NGOs, Wissenschaftlern und think tanks für die Verwirklichung der eigenen Ziele,
- das Eingreifen der USA in die Ereignisse auf dem Balkan,
- die Darstellung der Eroberung der serbisch gehaltenen Krajina durch die kroatische Armee als legitim und legal,
- die Aufrechterhaltung der UN-Sanktionen gegen Serbien,
- eine günstige Entscheidung beim Schiedsspruch um die bosnische Stadt Brčko,
- die Völkermordanklage gegen die Bundesrepublik Jugoslawien vor dem Internationalen Gerichtshof in Den Haag,
- günstige Verhandlungsergebnisse für die albanische Seite in Rambouillet,
- die Anklage Slobodan Miloševićs vor dem Kriegsverbrechertribunal in Den Haag,
- eine Förderung von US-Investitionen in den jugoslawischen Nachfolgestaaten.
- die Sezession Montenegros von Belgrad.

PR-Agenturen, die für serbische Klienten arbeiteten, gaben folgende Ziele ihrer Arbeit an:
- die allgemeine Verbesserung des schlechten Images,
- die Verbesserung des Images der bosnischen Serbenrepublik,
- die Anwerbung von NGOs, Wissenschaftlern und think tanks für die Verwirklichung der eigenen Ziele,
- Förderung von US-Investitionen in Serbien,
- die Verbesserung der Beziehungen zu den USA nach der Abwahl Miloševićs,
- die Aufhebung der UN-Sanktionen.

Zusammenfassend läßt sich sagen, daß die Balkan-Klienten mit ihren PR-Aktivitäten zwei Ziele verfolgten. Erstens ging es ihnen um eine Selbst-Einführung in die US-amerikanische Politik, Gesellschaft und Öffentlichkeit. Man wollte sich also selbst positiv präsentieren, d.h. diplomatisch tätig sein. Zweitens ging es ihnen um die Erreichung sehr handfester, eigener Kriegsziele. Oft wurden hierbei beide Aspekte stark miteinander verwoben.

1. Privatisierung der Außenpolitik

Obwohl die Vertretung ausländischer Regierungen und Unternehmen durch PR-Agenturen in den USA ein schon lange übliches Geschäft ist, haben PR-Fachleute seit dem Ende des Kalten Krieges eine »Explosion« in diesem Bereich festgestellt. Kevin McCauley, Redakteur der renommiertesten Branchenzeitschrift *O'Dwyer's Washington Report*, sagt, daß die vom Kommunismus befreiten Regierungen von PR-Firmen »an die Hand genommen« werden müssen: »Wenn Sie sich die Länder betrachten, die keine Repräsentation in Washington hatten, weil sie unter der Fuchtel der Sowjetunion standen – die Länder Mittel- und Osteuropas, die ehemaligen Sowjetrepubliken – sie alle müssen sich in Washington bekannt machen« (Geman 1999). Ähnlich argumentiert auch James Harff: »Als sich die kommunistischen Länder zu privatisieren begannen und eine Marktwirtschaft entwickelten, haben sie vollständig erkannt, daß Privatinvestitionen ihren Erfolg entscheidend bestimmen und ihnen dabei helfen, ihre Ökonomien aus den Niederungen der sozialistischen Staaten in die kapitalistische Marktwirtschaft zu führen. Eine Anzahl dieser Länder blickte auf uns, die PR-Firmen; wir sollten helfen, Beziehungen zu Investoren und Unternehmen herzustellen« (Geman 1999).

»Diplomats for hire« – Diplomaten zu mieten, so eine treffende Bezeichnung dieses neuen Phänomens internationaler Beziehungen. Da PR ein breitgefächertes Dienstleistungs- und Kommunikationsspektrum umfaßt, werden die drei Säulen der klassischen Außenpolitik – Diplomatie, Handel und Kultur – fast vollständig in private Hände gelegt. Es kommt also zu einem outsourcing der wichtigsten außenpolitischen Handlungsstränge und somit zu einer maßgeblichen Privatisierung der Außenpolitik.

Die FARA-Unterlagen belegen, daß auch die ex-jugoslawischen Klienten nicht nur um eine direkte politische Einflußnahme bemüht waren, sondern auch mittelbar über wirtschaftliches Werben und kulturelle Repräsentanzen wohlwollende Aufmerksamkeit auf sich ziehen wollten. Diese Funktion erfüllte beispielsweise die von Ruder Finn betreute Konzerttour des Kammermusikorchesters »Solisti di Zagreb« 1992 durch die USA oder die ebenfalls von Ruder Finn organisierten Buchpräsentationen des kroatischen Präsidenten Franjo Tudjman, aber auch die von der gleichen PR-Frima 1996 durchgesetzte Einrichtung eines Kulturbüros der USIA (US Information Agency) in Priština, das eine US-Präsenz im Kosovo ermöglichte und gleichzeitig den US-amerikanischen Medien einen Anlaß bot, über diese Aktivitäten zu berichten.

Stärker noch als um die kulturellen wurde mit Hilfe der PR-Agenturen um die wirtschaftlichen Beziehungen geworben. Insbesondere Slowenien verbreitete das Image einer ökonomisch starken und historisch mit Westeuropa eng verbundenen modernen, liberalen Demokratie, die praktisch ein natürlicher Bestandteil der transatlantischen und europäischen Integrationen sei. Dabei baute es dieses Image auf einem starken Antagonismus zum »rückständigen, undemokratischen« Serbien auf, das deshalb aus allen internationalen Institutionen und Organisationen ausgeschlossen werden müsse. So argumentiert etwa der slowenische Außenminister Dimitrij Rupel in dem von der PR-Agentur van Kloberg & Associates in der *Washington Times* vom 11. Oktober 1992 plazierten Artikel »More than a moral footnote in Yugoslavia«, daß die Welt vor einer äußerst einfachen Entscheidung stehe, nämlich der, zwischen Gut und Böse zu wählen. Und Rupel forderte die USA dazu auf, ihre große moralische Verantwortung und demokratische Tradition einzulösen und auf dem Balkan tätig zu werden.

Anhand dieses 1992 von Rupel verfaßten und von einer PR-Agentur betreuten Artikels läßt sich exemplarisch festhalten, wie die Klienten an US-amerikanische Kommunikationsstrukturen angepaßt wurden. Es ist wiederum James Harff, der erläutert, daß PR-Firmen, die für ausländische Kunden arbeiten, vor allem vor zwei Aufgaben stehen: einerseits dem Kunden zu erklären, wie die US-amerikanische Gesellschaft und der dortige Markt funktionieren, und andererseits den Amerikanern ein erkenn- und verstehbares Profil des Kunden zu vermitteln: »Es ist eine ständige Herausforderung, den einen dem anderen zu interpretieren. Nehmen Sie beispielsweise den bosnischen Außenminister Haris Silajdžić, ein tapferer Mann, der sehr intelligent war und gut Englisch sprach. Man sollte annehmen, daß er den US-amerikanischen Markt verstand. Aber er tat es nicht. Dasselbe gilt für die Kroaten.« (Harff 2003).

Harff erklärt auch, daß man die Botschaften an die US-amerikanische Öffentlichkeit einfach und übersichtlich gestalten mußte. Es galt, Bürgern der USA in aller Kürze und Schnelligkeit und mit der passenden Begrifflichkeit zu erklären, was sich auf dem fernen Balkan überhaupt abspielte, von dem selbst viele Kongreßabgeordnete noch nicht einmal wußten, wo er liegt, geschweige denn, was dort geschah, wie Harff betont. Nach Harff war dies ein erzieherischer Job, der ihm und seiner Agentur nach eigenem Bekunden bravourös gelang, da »wir die

Sache vereinfachen und [...] als Geschichte von den guten und den bösen Jungs [darstellen konnten]«.

Aus den FARA-Dokumenten geht hervor, daß nicht nur James Harff und Ruder Finn, sondern alle anderen engagierten Agenturen mehrere Zielgruppen hatten, die sie mit diesen vereinfachten Botschaften bekannt machten: zuvorderst wurden relevante Kongreßabgeordnete und politische Entscheidungsträger in der US-Administration und in internationalen Institutionen (z.B. UN) ebenso wie die US-amerikanischen, aber auch die internationalen Medien angesprochen; dann folgten gesellschaftliche Multiplikatoren wie think tanks, Akademiker und NGOs.

Die PR-Agenturen gaben die von ihnen erarbeiteten Informationen an ihre Zielgruppen in folgender Form weiter:
- in persönlichen Kontakten mit Zielpersonen,
- in persönlichen Briefen an Zielpersonen,
- in schriftlichen Briefings,
- in regelmäßigen Info-Faxen,
- in Informationsbroschüren,
- in Press-Clippings,
- auf Pressekonferenzen,
- in Vorträgen vor einem ausgewählten Publikum,
- in vorformulierten und gezielt in den Medien plazierten Leitartikeln und Kommentaren,
- in vorformulierten offiziellen Statements und Kommuniqués der betreffenden Kunden,
- auf CONDEL-Reisen (Congressional Delegation's Trips) in die Krisen-/ Kriegsgebiete,
- auf Medientouren der ex-jugoslawischen Politiker durch die USA,
- auf organisierten Protestkundgebungen- und Märschen.

Mit Hilfe dieser PR-Aktivitäten entstanden sich selbst verstärkende Informationskreisläufe, self fulfilling prophecies: die PR-Agenturen schufen Ereignisse, über die berichtet wurde, und sie plazierten vorformulierte oder redaktionell betreute Artikel mit den entsprechenden Kernbotschaften in den Medien, um diese Berichterstattung dann wiederum als Info-Material in Press-Clippings an Medien und andere Zielgruppen zu verteilen. In vielen US-amerikanischen Medien ließen sich Berichte über von PR-Agenturen organisierte Reisen von Kongreßabgeordneten nach Kroatien oder in das Kosovo finden, und hier stieß man dann auf die von den gleichen Agenturen gebrieften Statements der US-amerikanischen Politiker, die an den Reisen teilgenommen hatten, nun in der Form als autoritative Augenzeugen des Geschehens. Nach dem Erscheinen solcher Artikel initiierten oder befürworteten die gleichen Politiker dann Appelle oder Resolutionen im Kongreß, die danach wiederum von denselben PR-Agenturen aufgegriffen und unterstützt wurden und über die die Medien dann wiederum berichteten. Ähnliche in sich geschlossene Informationskreisläufe der politischen Eliten kann man auch mit anderen Zielgruppen wie NGOs, think tanks oder Wissenschaftlern beobachten. Genau in diesem Zusammenhang spricht der US-amerikanische Soziologe Christopher Lasch (1995) von einer »blinden Elite« und nennt deswegen der Journalist Jürgen Leinemann (2005) die Welt der Politiker »wirklichkeitsleer«.

Grafik 2:
Der in sich geschlossene Informationskreislauf westlicher Demokratien in Kriegszeiten

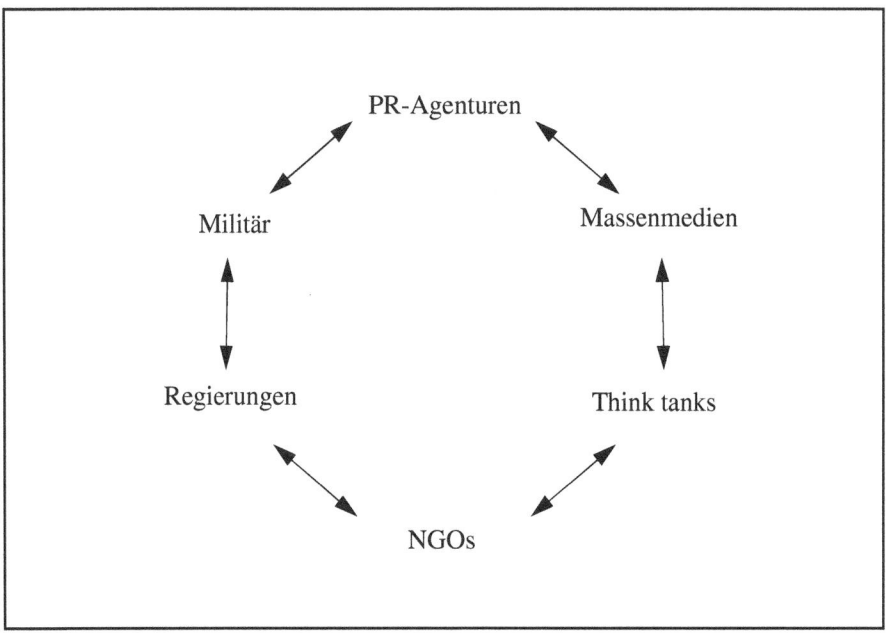

Solche Informations- und Kommunikationskreisläufe nach dem Konzept der self fulfilling prophecies demonstrieren zweierlei. Erstens zeigen sie, daß und wie Politik mit Hilfe von PR-Agenturen gemacht wurde und wird, und zweitens verweisen sie dabei auf die zentrale Rolle der Medien.

Wie aus den FARA-Dokumenten hervorgeht, agieren PR-Agenturen nicht nur auf der Ebene der Massenmedien, sondern außerdem auch als direkte Politikberater, Vermittler und Akteure in politischen Fragen. So hatten die PR-Firmen u.a. die Aufgabe, ihren Klienten bei wichtigen politischen Entscheidungen und Verhandlungen zur Seite zu stehen. Mit anderen Worten: Gegen Bezahlung sind PR-Agenturen bewußte und direkte Akteure bei Verhandlungen mit außenpolitischen Zielsetzungen. Einige Beispiele mögen das verdeutlichen:
- Ruder Finn setzte alle Hebel in Bewegung, um die Anerkennung der Unabhängigkeit Kroatiens durch die USA durchzusetzen.

- Die gleiche PR-Agentur beriet Vertreter der bosnischen Regierung hinsichtlich der Resolutionen 770 und 771 des UN-Sicherheitsrates und begleitete sie zum KSZE-Gipfel in Helsinki (Juli 1992), zur Sondersitzung des UN-Sicherheitsrats (August 1992), zur Londoner Jugoslawienkonferenz (August 1992) und zur Generalversammlung der Vereinten Nationen (September 1992).
- Ruder Finn entwarf für die Kosovo-Albaner ein politisches Programm und promotete es.
- Die Firmen Burson-Marstellar und Barnes & Thornburg berieten die bosnische Regierung über Lösungskonzepte für das internationale Schiedsverfahren um die zwischen bosnischen Serben und Muslimen umstrittene Stadt Brčko und über eine diesbezügliche Kommunikationsstrategie.
- Die Agentur Hunton & Williams vertrat die kroatische Regierung vor dem Internationalen Kriegsverbrechertribunal, vermittelte in Fragen der Auslieferung von Kriegsverbrechern zwischen der kroatischen Regierung und Vertretern des US-Kongresses und betrieb Lobbying für den NATO-Beitritt Kroatiens.
- Die Washington Group begleitete die Kosovo-albanische Delegation zu den Verhandlungen in Rambouillet und beriet sie dort.

Per Definition steht Diplomatie am Kontaktpunkt zwischen zwei oder mehreren souveränen Staaten. Es handelt sich also um einen Zweig der öffentlichen Macht, der auf Vermittlung und Verständigung beruht. In einer globalisierten Mediengesellschaft erweitern neuere Definitionen das Verständnis von Diplomatie um den Begriff »public diplomacy«. Wird Diplomatie hier noch mit dem Etikett der Öffentlichkeit charakterisiert, so wurden in den Balkan-Kriegen wesentliche Funktionen der Diplomatie von PR-Agenturen wahrgenommen. Diplomatie, die auf völkerrechtliche Verträge zielt, wird zu einer Handelsware.

In jüngster Zeit wurde die Privatisierung von Außenpolitik besonders durch die Aktivitäten des früheren finnischen Staatspräsidenten Martti Ahtisaari (1994-2000) deutlich. Ahtisaari ist zur Zeit u. a. Aufsichtsratsvorsitzender der in Brüssel beheimateten »Crisis Management Initiative« (CMI), die sich mal Consulting-Unternehmen, mal NGO nennt. Nach Vermittlung von Ahtisaari und in dessen Beisein unterzeichneten im 15. August 2005 in Helsinki Vertreter der Regierung von Indonesien und der Gerakan Aceh Merdekadie (GAM), also der Bewegung Freies Aceh, einen rechtlich gültigen Friedensvertrag. Für tausende von Unabhängigkeitskämpfern regelt dieser Vertrag u.a. Fragen einer Amnestie und einer Kompensation, regelt außerdem den Truppenrückzug indonesischer Truppen und den Wahlmodus für GAM-Politiker bei zukünftigen Regionalwahlen in der Provinz Aceh. Anders formuliert: Hier wurde ein völkerrechtlich verbindlicher Friedensvertrag von einer natürlichen Person abgeschlossen, dessen Aktivitäten in einem von Außen nicht zu durchschauenden privaten Raum zwischen Ehrenamt und Geschäft liegen. Dieses kann durchaus als Novum in der Geschichte des Völkerrechts seit dem Westfälischen Frieden von 1648 gelten!

Die Consulting-Aktivitäten von Ahtisaaris CMI sind auch deswegen von Interesse, da der frühere finnische Staatspräsident auf vielfältige Weise als Krisenmanager und Vermittler zwischen Konfliktparteien auch in die ex-jugoslawischen Kriege eingebunden war. In den Jahren 1992/93 hatte er verschiedene Beraterfunktionen in der Internationalen Jugoslawienkonferenz inne und war kurzfristig Sonderbeauftragter des UN-Generalsekräters für Ex-Jugoslawien. Im Jahre 1999 wurde er als EU-Beauftragter für die Beendigung des NATO-Krieges gegen Jugoslawien weltweit bekannt. Als er sein Amt als Staatspräsident im März 2000 an seine Nachfolgerin Tarja Halonen übergab, wurde er Vorstandsvorsitzender der International Crisis Group (ICG), deren Arbeitsschwerpunkt der Balkan war und zu deren Vorstandsmitgliedern Persönlichkeiten wie der Oberkommandierende der NATO-Truppen während des Kosovokrieges Wesley Clark oder die ehemalige Chefanklägerin des Kriegsverbrechertribunals in Den Haag Louise Arbour zählten, die während des Kosovokrieges die Anklage des Tribunals gegen Slobodan Milošević erhob. Der Vorstand der ICG umfaßt(e) daneben den Berater der kosovo-albanischen Delegation bei den Rambouillet-Verhandlungen Morton Abramowitz, den späteren Hohen Repräsentanten der internationalen Gemeinschaft in Bosnien Paddy Ashdown sowie George Soros. Diesen wiederum verbindet mit Ahtisaari der Umstand, daß der finnische ex-Präsident im Beirat des Open Society Institute und der Soros-Foundation tätig ist. Noch bevor Ahtisaari im Jahre 2004 den Vorstandsvorsitz der ICG aufgab, veröffentlichte die Gruppe Berichte und Empfehlungen, nach denen die einzige Lösung für das noch schwelende Kosovoproblem eine Unabhängigkeit der südserbischen Provinz von Serbien sei. Im Herbst 2005 wurde Martti Ahtisaari von UN-Generalsekräter Kofi Annan zum Chefunterhändler für die Verhandlungen zwischen Serben und Albanern über den Status des Kosovo ernannt. Als Chairman der NGO »Balkan Children and Youth Foundation« blieb er weiterhin tätig.

Weitaus kommerzieller als CMI arbeitet die Unternehmensconsulting »Kissinger McLarty Associates« des ehemaligen US-amerikanischen Außenministers Henry Kissinger (1973-1977) in New York und Washington. Auch hier – so scheint es – werden die alten Regierungskontakte eines »elder statesman« nachträglich in bare Völkerrechtsmünze umgeschmolzen.

2. *Kriegspropaganda*

Diplomatie ist die Verständigung auf zwischenstaatlicher oder multinationaler Ebene mit friedlichen Mitteln und für friedliche Ziele. Privatisierte und bezahlte Diplomatie im Auftrag von Kriegsparteien ist Kriegspropaganda. So gesehen ist es einerseits eine Art Verharmlosung und Vernebelung, wenn der Auftragnehmer mehrerer Kriegsregierungen, David Finn, sagt: »PR-Leute sind ja nur Vermittler.« Oder wenn James Harff betont: »Wir bringen Menschen in verantwortlichen Positionen zusammen und erleichtern ihre Kommunikation« (Geman 1999).

Andrerseits sind die PR-Agenturen nicht identisch mit den Kriegsparteien, sie sind in der Tat »nur« Vermittler, und genau das ist der immense »Vorteil« von privatisierter Diplomatie. Die PR-Firmen, die in den Balkan-Kriegen tätig waren, sind, wie gezeigt, ganz überwiegend mächtige, gesellschaftlich (zumindest in der US-Gesellschaft) anerkannte und vertrauenswürdige Kommunikationsspezialisten. Sie gelten als glaubwürdige Quellen und Akteure, insbesondere wenn man ihr personelles Profil berücksichtigt. Sie erfüllen alle Voraussetzungen eines »unabhängigen Botschafters« (»independent messenger«), wie er für die public diplomacy gefordert wird (Peterson 2002).

Somit haben wir in den Balkan-Kriegen die Konstellation, daß Kriegsregierungen ihre Propaganda durch den Filter von PR-Agenturen und deren zahlreiche Kommunikationskanäle in glaubwürdige Botschaften verwandeln konnten. Daraus resultiert eine starke Homogenisierung der öffentlichen Meinung in den USA (und in den westlichen Gesellschaften überhaupt): die US-Regierung, amnesty international, Human Rights Watch, Freedom House, das United States Institute of Peace, die Soros-Foundation, liberale Intellektuelle und weite Kreise der Konservativen, die Vereinten Nationen, Journalisten, aber auch die Regierung in Zagreb, die Regierung in Sarajevo, die Führung der Kosovo-Albaner, die UÇK – sie alle haben, mit geringfügigen Nuancen, eine praktisch identische Lesart der Balkan-Kriege. In einer etwas überspitzten Kurzfassung sieht diese so aus: Die Serben verfielen in einen nationalistischen Wahn und wollten ein Großserbien errichten, Slobodan Milošević, ein unverbesserlicher Kommunist, schwang sich zu ihrem Führer auf und griff mit der Jugoslawischen Volksarmee die nicht-serbischen Republiken und Völker an und ließ dabei Massenvergewaltigungen, ethnische Säuberungen und Völkermord begehen; die anderen ex-jugoslawischen Nationen – Slowenen, Kroaten, Bosnier, Albaner, Mazedonier – waren friedliebende, demokratische Völker (die Montenegriner hatten ein geteiltes Image – solange sie mit Belgrad solidarisch waren, galten sie als ebenso aggressiv, als sie mit Belgrad brachen, verwandelten sie sich in ein friedliebendes Volk). Das ist das Bild der Balkan-Kriege, das die PR-Agenturen 1:1 verbreitet haben. Und es ist deckungsgleich mit der Propaganda der ex-jugoslawischen, nicht-serbischen Kriegsparteien.

3. PR und private Militärfirmen

Für James Harff ist die Anerkennung Kroatiens durch die US-Regierung der erste große Erfolg seiner Arbeit auf dem Balkan gewesen (Harff 2003). Die FARA-Akten belegen, daß die kroatische Regierung praktisch durchgehend von 1991 bis 2002 verschiedene große PR-Firmen engagiert hatte, die sich in den USA für ihre politischen, ökonomischen und kulturellen Belange einsetzten und ein positives Image des Staates verbreiteten. Nach der erfolgreichen Anerkennung der Unabhängigkeit Kroatiens durch die USA gab es jedoch noch ein besonders kritisches politisch-militärisches Problem, das es zu lösen galt – die Serbenfrage in der Krajina. Und an diesem Punkt gibt es eine erste nachweisbare Kombination von gleichzeitigen Aktivitäten einer PR-Agentur und Aktivitäten einer privaten Militärfirma.

Die Vorgeschichte: Während der serbisch-kroatische Krieg durch den Vance-Friedensplan (Januar 1992) und die darin vorgesehene Einrichtung von vier UNPA-Schutzzonen zu einem Stillstand kam (die United Nations Protected Areas umfaßten vor allem die von Serben gehaltenen Gebiete in der Krajina und in Slawonien), brach in Bosnien der gewalttätige Konflikt aus und entwickelte sich in den Jahren 1992/1993 zu einem Mehrfrontenkrieg, in dem sich auch die ursprünglich gegen die Serben verbündeten Kroaten und Muslime bekämpften.

Im März 1993, während Ruder Finn noch für die kroatische Regierung aktiv war, engagierte das Büro des kroatischen Präsidenten Franjo Tudjman die PR-Agentur Jefferson Waterman International (Waterman Associates), die anschließend für ein Honorar von 800.000 Dollar mehr als zwei Jahre lang für die Regierung in Zagreb tätig sein sollte. Die Agentur, zu deren Führungsspitze, wie bereits erwähnt, mehrere ehemalige hochrangige CIA-Mitarbeiter zählen, hatte laut FARA-Unterlagen die folgenden Aufgaben: 1. Korrektur des in der US-amerikanischen Öffentlichkeit weit verbreiteten Bildes, Serbien und Kroatien seien gleichermaßen verantwortlich für das Schlachten in Bosnien und hätten heimlich vereinbart, Bosnien untereinander aufzuteilen. 2. Kontaktaufnahme »mit relevanten Stellen in den Exekutiv-Organen der US-Administration«. Das seien besonders: »das State Department, das Verteidigungsministerium und Schlüsselpersonen aus den nachrichtendienstlichen Kreisen, sind aber nicht darauf beschränkt«. 3. Aufklärung der US-Regierung über ihre eigentlichen und wirklichen Interessen auf dem Balkan. 4. Pro-aktive Vorbereitung einer möglichen kroatischen Militäraktion in der Krajina: »Sollte der Zeitpunkt kommen, daß es für Kroatien notwendig sein wird, mit Gewalt die Kontrolle über die kroatischen Territorien zurückzugewinnen, auf denen gegenwärtig die UN präsent ist, muß man mit einer Welle von Kritik rechnen und ihr entgegenwirken. Das Fundament für die Rechtfertigung solcher Aktionen sollte jetzt gelegt werden und nicht nach vollendeten Tatsachen« (Memorandum zwischen der Republik Kroatien und der Agentur Waterman Ass., 24. Februar 1993).

Ob es das Ergebnis von PR-Maßnahmen war, daß sich die Clinton-Administration im Verlauf des Jahres 1993 aktiv in die Balkanpolitik einmischte, ist methodisch schwer zu erfassen. Ex post freilich wurde genau diese Balkan-Politik der US-Regierung von einem ihrer Architekten als zwingend dargestellt. Stellvertretend für die Clinton-Administration erklärte Richard Holbrooke nach dem Abschluß des Dayton-Friedensabkommen: »Bosnien [...] bestimmte die erste Phase der Beziehungen zwischen den USA und Europa nach dem Kalten Krieg, und zwar auf eine Weise, die für die atlantischen Beziehungen höchst zerstörerisch war. Die Differenzen zwischen den einzelnen NATO-Mitgliedern gefährdeten die NATO selbst – und zwar ausgerechnet zu einem Zeitpunkt, als Washington die NATO-Erweiterung ins Visier nahm« (Holbrooke 1999, 550).

Eine US-amerikanische Kontrolle der Geschehnisse auf dem Balkan also war notwendig, um die NATO zu einen und deren wichtigstes strategisches Ziel zu erreichen: die Osterweiterung des nordatlantischen Bündnisses bis an die Grenzen Rußlands. In seinem Artikel »How to defeat Serbia« legte David Gompert, unter George Bush sen. Direktor für europäische und eurasische Angelegenheiten im Nationalen Sicherheitsrat und später stellvertretender Direktor des einflußreichen US-amerikanischen think tank RAND (mit der im übrigen die PR-Agentur Jefferson Waterman International eng zusammenarbeitet), die Grundzüge dieser Politik dar. Der Krieg in Bosnien, so Gompert, sei als serbische Aggression zu bewerten und müsse bis zu einer völligen Niederlage Serbiens geführt werden. Kompromisse seien nicht erlaubt. Serbien müsse »unter Quarantäne gestellt werden, bis das Virus, das es in sich trägt, ausgerottet ist«. Die Vereinigten Staaten sollten sich auf ein »langes Spiel« einstellen, um mit einem »anhaltenden Wirtschafts- und Informationskrieg gegen Serbien«, der »jahrelang, wenn nötig jahrzehntelang Verluste, Isolation und Elend« verursachen würde, ans Ziel zu gelangen (Gompert 1994, 44).

Im Frühjahr 1994 begann Washington die Kräfte gegen die bosnischen und kroatischen Serben sowie gegen Belgrad zu bündeln. Am 18. März unterzeichneten Tudjman für die kroatische Seite und der bosnische Präsident Alija Izetbegović für die muslimische Seite in Washington unter deutsch-iranisch-US-amerikanischer Vermittlung einen Vertrag über die Bildung einer muslimisch-kroatischen Föderation in Bosnien-Herzegowina. Als »Vater« dieses Bündnisses gilt Charles Redman, damaliger Botschafter der USA in der Bundesrepublik.

Selbst wenn die Aktivitäten der PR-Firmen Ruder Finn und Jefferson Waterman International in den Jahren 1992-1995 vielleicht nicht ausschlaggebend für eine Neuorientierung der US-amerikanischen Balkan-Politik unter Clinton waren, sondern diese eigenen US-amerikanischen politischen Interessen entsprach, so haben sie dennoch im Sinne der oben dargestellten Informationskreisläufe als sich selbst erfüllender Verstärker gewirkt. Es waren vor allem Teile des Kongresses, NGOs, think tanks und der Mainstream der Medienberichterstattung, die Clinton unter Druck setzten, auf dem Balkan tätig zu werden.

Eine »Strategie der dritten Partei« (Wiebes 2003), also eine Art outsourcing kriegsrelevanter Aktivitäten aus der US-Administration, wurde schließlich noch erweitert. Im September 1994 unterzeichnete die kroatische Regierung einen Vertrag mit der privaten US-amerikanischen Militärfirma MPRI (Military Professional Resources Inc.) aus Alexandria im US-Bundesstaat Virginia. MPRI ist eine von einigen Dutzend ähnlicher privater Militärfirmen (PMFs), die militärisches Training und verwandte Hilfsdienste für ausländische Regierungen durchführen. Wie ein ehemals hochrangiger Geheimdienstmitarbeiter erklärt, sind diese privaten Trainingsprogramme dazu gedacht, die »außenpolitischen Ziele der USA zu fördern« (Silverstein 1997) und dürfen deshalb nicht ohne die ausdrückliche Zustimmung des US-amerikanischen Außenministeriums realisiert werden. Mit Hilfe dieser florierenden privaten Kriegsindustrie kann die US-Regierung in jedem Land der Welt jede Form von Militärhilfe leisten, ohne die Zustimmung des

Kongresses einholen oder der Öffentlichkeit Rechenschaft ablegen zu müssen (Silverstein 1997).

Anfang August 1995, elf Monate nach der Unterzeichnung des Vertrags mit MPRI, startete die kroatische Armee die »Operation Sturm« und überrannte in nur vier Tagen die UNPA-Zonen in der serbisch gehaltenen Krajina. Das war genau jene Aktion, auf die die US-amerikanische Öffentlichkeit von der PR-Firma Jefferson Waterman International laut FARA-Unterlagen positiv eingestimmt werden sollte.

Während MPRI leugnet, mit der »Operation Sturm« irgendetwas zu tun zu haben, sagen Experten, daß der Angriff ganz eindeutig die »Handschrift« der USA trage. Nicht nur der Name »Operation Sturm« wurde bewußt in Anlehnung an die »Operation Desert Storm«, also den Golf-Krieg von 1991, gewählt, vielmehr seien einzelne Aktionen so vorbildlich »wie aus einem Handbuch« der US-Armee durchgeführt worden (Wiebes 2003, 216). Einer der Generäle der kroatischen Streitkräfte, die für den Angriff auf die Krajina zuständig waren und von MPRI unterwiesen wurden, war der Albaner Agim Çeku, später einer der UÇK-Führer, nach dem Kosovo-Krieg Chef des kosovarischen Friedenskorps und im März 2006 zum Premierminister des von der UN verwalteten Kosovo ernannt. Bei der »Operation Sturm« wurden zwischen 150.000 und 200.000 Serben vertrieben, auf serbischer Seite gab es nach Angaben der serbischen NGO Veritas 1.791 Tote oder Vermisste.

Zur »Operation Sturm« äußerte sich ein hoher Mitarbeiter von Jefferson Waterman International mit folgenden Worten: »Natürlich würden wir keine von der Regierung geförderte ethnische Säuberung unterstützen, aber wir glauben auch nicht, daß sie [die Kroaten] das tun. Wir glauben, daß die Kroaten ihr Bestes tun« (Silverstein 2002). Jedenfalls war die Eroberung der Krajina die Ouvertüre zu groß angelegten Offensiven der kroatisch-muslimischen Verbündeten in Bosnien im Verlauf des Sommers 1995, die mit dem NATO-Bombardement der bosnischen Serben im September des Jahres endeten und auf dem Schlachtfeld die Fakten schufen, die im Friedensvertrag von Dayton – mit nur geringen territorialen Abweichungen und unter US-amerikanischer Regie – unterzeichnet wurden.

Zusammenfassend kann man sagen, daß es hier um eine Struktur geht, in der sich die Aktivitäten von privatwirtschaftlich agierenden PR-Agenturen (Ruder Finn und später Jefferson Waterman International) und die einer privatwirtschaftlich agierenden Militärfirma (MPRI) im Dienste politisch-militärischer Ziele von Kriegsparteien (also der kroatischen, der bosnisch-muslimischen und, als verdeckter, der US-amerikanischen) komplementär verhalten. Privatisiert sind also nicht nur Diplomatie und die dazu gehörige Kriegspropaganda, privatisiert ist vor allem die Kriegsführung selbst.

MPRI war jedoch nicht nur in Kroatien tätig, und Kroatien war nicht die einzige Kriegspartei auf dem Balkan, die die Dienste einer PMF in Anspruch nahm:
- So leisteten z.B. die privaten Militärfirmen DynCorps und Kellog Brown & Root logistische Unterstützung für die in Bosnien als Teil der internationalen Schutztruppen IFOR und SFOR stationierten US-Soldaten und erfüllten dort

»Sicherheitsaufgaben« und Beobachterdienste. Eine der Verpflichtungen der privaten Militärfirmen war es, den iranischen Einfluß in Bosnien wieder zurückzudrängen (Singer 2001-2002).
- Die Halliburton-Tochter Kellogg Brown & Root leistete logistische Unterstützung für die US-Armee in Bosnien, im Kosovo und in Mazedonien mit einem Gesamtauftragsvolumen von fast 2 Milliarden Dollar für die Jahre 1999-2004 (Bianco/Forest 2003).
- Peter W. Singer von der Brookings Institution untersuchte das Engagement privater Militärfirmen durch die US-Regierung und kam zu dem Schluß, daß »grössere US-Militäroperationen in der Ära nach dem Kalten Krieg (im Persischen Golf, in Somalia, Haiti, Zaire, Bosnia oder dem Kosovo) ein bedeutendes und steigendes Niveau an PMF-Unterstützung umfaßten. Die Kosovo-Operation von 1999 illustriert diesen Trend. Vor dem Konflikt stellten PMFs die militärischen Beobachter, die das US-Kontingent der internationalen Verifikationsmission in der Provinz ausmachten. Als der Luftkrieg begann, haben andere PMFs nicht nur logistische Hilfe geleistet und einen Großteil des NATO-Informationskriegs gegen die Serben unterstützt, sondern auch Flüchtlingslager außerhalb des Kosovo gebaut und unterhalten. In der anschließenden KFOR-Friedensmission erweiterten die PMFs ihre Rolle beispielsweise auf die Lieferung kritischer Luftüberwachung für die Streitkräfte« (Singer 2001-2002, 4).
- MPRI bildete die UÇK im Kosovo und Mazedonien aus, war aber gleichzeitig offiziell für die Armee der Republik Mazedonien tätig. Als es im Frühjahr 2001 zu einem bewaffneten Konflikt zwischen den mazedonischen Streitkräften und der UÇK kam und die Armee die UÇK in Aračinovo östlich von Skopje in die Enge gedrängt hatte, intervenierte die NATO und stellte 15 klimatisierte Busse zur Verfügung, die die albanischen Kämpfer samt Waffen evakuierten. Unter ihnen befanden sich 17 Instrukteure von MPRI (Hutsch 2001; Oschlies 2001).

Abschließend läßt sich festhalten, daß sowohl das internationale Sicherheitssystem als auch das internationale Recht durch die Konjunktur von PMFs nach der Auflösung der bipolaren Weltordnung massiv untergraben worden sind und untergraben werden, da sich dieser Zweig der Militärindustrie außerhalb der genannten Strukturen befindet und sich jeder Kontrolle entzieht (Singer 2004). Solche Feststellungen hätte man bereits vor den Enthüllungen über die Folterungen von Kriegsgefangenen durch PMFs im Irak im Frühjahr 2004 anhand der Ereignisse in den Balkan-Kriegen treffen können.

4. *Der Holocaust-Vergleich*

In den Diskursen über die Balkan-Kriege, insbesondere den Bosnien- und den Kosovo-Krieg, spielten sprachliche und historische Rückbezüge zum Holocaust eine bedeutende Rolle in der Produktion medialer Images, die politikleitend waren und schließlich den NATO-Krieg gegen Jugoslawien rechtfertigten. Die PR-Agenturen erfüllten dabei zwei Aufgaben: Sie vollzogen eine Relativierung von Holocaust-Analogien in Bezug auf ihre nicht-serbischen Klienten und unternahmen eine Potenzierung derselben in Bezug auf den Kriegsgegner, also die serbische Seite.

Wie James Harff schon 1993 beschrieben hatte, sei es für seine PR-Firma die größte Herausforderung gewesen, den kroatischen Präsidenten Franjo Tudjman vom Antisemitismus und Revisionismus der Geschichte des Zweiten Weltkriegs reinzuwaschen sowie den »realen und grausamen Antisemitismus« des Ustascha-Staates, der von 1941-45 an Serben, Juden und Roma in Kroatien und Bosnien vollzogen wurde, zu vertuschen und »diese Situation umzukehren« (vgl. Merlino 1993, 127).[2]

Das Ergebnis der PR-Anstrengungen war es, daß Tudjman nicht nur (und gegen Proteste jüdischer Kreise) im April 1993 als einer der Staats- und Ehrengäste an der Einweihung des Holocaust Memorial-Museums in Washington teilnahm, sondern auch aktive Beziehungen zu jüdischen Organisationen und zum israelischen Botschafter in den USA entwickelte. Schließlich wurde die US-amerikanische Ausgabe von Tudjmans antisemitisch-revisionistischem Buch »Bespuća povijesne zbiljnosti« (Irrwege der Geschichte) unter dem neuen Titel »Horrors of War« 1996 in einer gesäuberten Form neu aufgelegt. Die umstrittensten Passagen waren aus dem Buch gestrichen, allerdings nur in der US-Ausgabe. Eine direkte Folge dieser redaktionellen Bearbeitung von Tudjmans historischem Hauptwerk war der Umstand, daß die israelische Regierung 1997 schließlich bereit war, diplomatische Beziehungen mit Kroatien aufzunehmen. An der Polierung von Tudjmans Image hatten die Agenturen Ruder Finn, Jefferson Waterman International und Hunton & Williams gearbeitet.

Besonders folgenschwer für die Wahrnehmung und Beurteilung nicht nur des Bosnien-Krieges, sondern später auch des Konflikts im Kosovo war die Kampagne, die Ruder Finn im August 1992 in Gang setzte, als erste westliche Medienberichte über Gefangenenlager in Bosnien erschienen. Nach Angaben von James Harff gelang es der PR-Agentur damals, jüdische Kreise in den USA für die Sache der Bosnier zu gewinnen und auf diese Weise einen Vergleich der bosnischen Kriegsereignisse mit dem Holocaust an den Juden herbeizuführen.

Als seinen größten PR-Erfolg bezeichnete James Harff den Umstand, dass es ihm im Bosnienkrieg gelungen sei, »die Juden auf unsere Seite zu ziehen« (zit. nach Merlino 1999, 155). Und in der Tat veröffentlichten drei der größten jüdischen Organisationen in den USA im August 1992 eine ganzseitige Protest-

---

2 Nachdem Franjo Tudjman Mitte der sechziger Jahre vom Kommunisten zum Nationalisten konvertiert war, hatte er sich der kroatischen nationalen Befreiung verschrieben. In seinem 1989 erschienen Buch »Bespuća povijesne zbiljnosti« (Irrwege der Geschichte) minimalisierte er u.a. die serbischen und jüdischen Opfer in Ustascha-Konzentrationslagern, machte für deren Tod Juden in der Lagerleitung verantwortlich und stellte die Gesamtzahl der im Zweiten Weltkrieg getöteten Juden in Frage.

anzeige in der »New York Times« (siehe Grafik 3), in der die Serben mit den Nazis und die Bosnier mit den Juden gleichgesetzt wurden. Danach, so Harff weiter, geschah folgendes:

Harff erläuterte damals: »Die jüdischen Organisationen auf Seiten der Bosnier ins Spiel zu bringen war ein großartiger Bluff. In der öffentlichen Meinung konnten wir auf einen Schlag die Serben mit den Nazis gleichsetzen. […] Sofort stellte sich eine bemerkbare Veränderung des Sprachgebrauchs in den Medien ein, begleitet von der Verwendung solcher Begriffe, die eine starke emotionale Aufladung hatten, wie etwa ethnische Säuberung, Konzentrationslager usw., und all das evozierte einen Vergleich mit Nazi-Deutschland, Gaskammern und Auschwitz. Die emotionale Aufladung war so mächtig, dass es niemand wagte, dem zu widersprechen, um nicht des Revisionismus bezichtigt zu werden. Wir hatten ins Schwarze getroffen« (zit. nach Merlino 1993, 128).

Der Text dieser Anzeige des American Jewish Committee (AJC), des American Jewish Congress (AJC) und der Anti-Defamation League (ADL) ist mehr als bemerkenswert. Da heißt es u. a.:

»Zu den blutigen Namen von Auschwitz, Treblinka und anderen Nazi-Todeslagern scheinen die Namen von Omarska und Brèko hinzuzufügen zu sein. […] Ist es möglich, dass fünfzig Jahre nach dem Holocaust die Nationen der Welt, unsere eingeschlossen, passiv dastehen und nichts tun und vorgeben, hilflos zu sein? […] Es sei hier betont, dass wir jeden notwendigen Schritt tun werden, inklusive den der Gewalt, um diesem Wahnsinn und dem Blutvergießen ein Ende zu setzen.«

Im Mechanismus gerade dieses Anzeigentextes, »aus Muslimen Juden zu machen« (Levy/Sznaider 2001, 181), sehen die beiden israelischen Sozialwissenschaftler Daniel Levy und Natan Sznaider in ihrer internationale Aufmerksamkeit erregenden Studie »Erinnerungen im globalen Zeitalter: Der Holocaust« den entscheidenden Dreh- und Angelpunkt zu einer Globalisierung der Holocaust-Metapher. Zum einen wurde so der Holocaust zu einem universalen Container für Erinnerungen an unterschiedliche Opfer, zum anderen trug die Übertragung des Holocaust auf den Konflikt in Bosnien entscheidend zu dessen Entpolitisierung bei.

Nach Bekanntwerden dieser PR-Strategie wurde eine innerjüdische Diskussion um Ge- und Missbrauch des Holocaust-Vergleichs im Bosnien-Krieg in Gang gesetzt, die jedoch die breitere Öffentlichkeit kaum erreichte. So gab es beispielsweise in der von der Theodor-Herzl-Stiftung herausgegebenen Zeitschrift *Midstream* im Jahre 1994 einen Schlagabtausch zwischen dem Direktor des Jerusalem Institute for Western Defense, Yohanan Ramati, und dem Agentur-Inhaber David Finn. Ramati warf jüdischen Organisationen in den USA vor, sich von Ruder Finn überlistet und missbraucht haben zu lassen. David Finn sah sich genötigt, auf Ramatis Vorwürfe zu antworten und rechtfertigte das Vorgehen seiner Agentur als »integer« und den ethischen Normen der Branche entsprechend. Man habe genau geprüft, mit wem man es zu tun habe, und insbesondere von der jüdischen Gemeinde in Kroatien eine Unbedenklichkeitserklärung hinsichtlich der Kunden erhalten.

Grafik 3:
Der Auschwitz-Vergleich mit dem Bürgerkrieg in Bosnien aus der Sicht des American Jewish Committee (AJC), des American Jewish Congress (AJC) und der Anti-Defamation League (ADL) (1992)

STOP THE DEATH CAMPS
An Open Letter to World Leaders

The media have reported the existence of Serbian death camps in which humans, forcibly incarcerated because of their ethnicity, are once again being systematically slaughtered.

To the blood-chilling names of Auschwitz, Treblinka, and other Nazi death camps there seem now to have been added the names of Omarska and Brcko, where it is reported thousands have been starved, tortured and executed, and cremated as fodder for animals.

Is it possible that fifty years after the Holocaust, the nations of the world, including our own, will stand by and do nothing, pretending we are helpless?

In the name of every value we claim to hold sacred, we urge our government and the international community to act—through the United Nations, in cooperation with European allies, or alone, if all else fails—in getting these camps opened to inspection by international human rights organizations. We must make it clear that we will take every necessary step, including the use of force, to put a stop to this madness and bloodshed.

Every day we delay, innocent men, women and children will be slaughtered.

  AJ Congress

The American Jewish Committee
165 East 56th Street
New York, NY 10022

15 East 84th Street
New York, NY 10028

823 United Nations Plaza
New York, NY 10017

Quelle: The New York Times, 5. August 1992, S. A14.

»From silence to cacophony« – so betitelte die *Jewish World Review* während des NATO-Angriffs auf Jugoslawien einen Artikel (Tobin 1999), der die Konjunktur des Holocaust-Vergleichs in den Balkan-Kriegen – und über sie hinaus – kritisch beleuchtete. Nehmen wir das Verstärkermodell der Informationskreisläufe, die von PR-Agenturen in Gang gesetzt werden, so beschreibt die Artikelüberschrift treffend die Folgen der Arbeit Ruder Finns.

Begriffe wie Konzentrationslager, Völkermord, Holocaust und Auschwitz, die die Serben als Täter kennzeichneten, dominierten also die westliche Wahrnehmung der Kriege auf dem Balkan. Gleichzeitig wurde das Konfliktmodell des Zweiten Weltkriegs am Beispiel der Balkan-Kriege »modernisiert«, indem Politiker und Medien die Durchsetzung der Menschenrechte als grundlegende ethisch-politische, aber auch militärische Handlungslegitimation etablierten.

Im Rückgriff auf diese Images und ideellen Vorlagen wurde auch der Krieg der NATO gegen die Bundesrepublik Jugoslawien im März 1999 gerechtfertigt. Um die Bevölkerungen der NATO-Staaten von der Notwendigkeit der militärischen Intervention zu überzeugen, griffen die Führer der Allianz gleich am ersten Kriegstag zur Rhetorik der Menschenrechte, die die militärische Intervention mit der »Abwendung einer humanitären Katastrophe« im Kosovo legitimierte: »Es ist ein moralischer Imperativ, dieser Tragödie ein Ende zu setzen« (Bill Clinton in seiner Fernsehansprache vom 24. März 1999). Da der NATO-Angriffskrieg ohne UN-Mandat ganz offensichtlich gegen das Souveränitätsprinzip der Staaten und damit gegen geltendes Völkerrecht verstieß, wurde nachträglich einer »Transformation des Völkerrechts in ein Recht der Weltbürger« (Jürgen Habermas) das Wort geredet, das die Menschenrechte der Staatsbürger auch vor der »Willkür der eigenen Regierung« schützt (zit. n. Horst 2000, S. 280 f.).

Dieser neue Menschenrechtsanspruch des Weltbürgers in der globalen Zivilgesellschaft, der in Variationen immer wieder und nachhaltig vor allem von Außenminister Joschka Fischer und Verteidigungsminister Rudolf Scharping angemahnt wurde, trat sozusagen über Nacht außer Kraft, als nach Beendigung des Kosovo-Krieges und dem Rückzug der serbischen und jugoslawischen Streitkräfte 210.000 bis 300.000 Serben, Roma, Bosniaken, Juden, Ägypter, Türken, Kroaten und andere nicht-albanische Minderheiten aus dem Kosovo vertrieben wurden[3] – vom Tschetschenienkrieg und den brutal geführten Kriegen in Afrika oder anderswo mit Millionen von Flüchtlingen ganz zu schweigen.

Um der Menschenrechtsdiktion den notwendigen Impetus zu verleihen und die nach Beginn des NATO-Bombardements einsetzenden Ströme albanischer Flüchtlinge zu erklären, wurde der Sprachgebrauch der alliierten Politiker sehr bald nach den ersten Luftangriffen um den Hitler-Nazi-Vergleich erweitert. Am

---

3 Nach Angaben des UNHCR waren es Anfang des Jahres 2000 210.000 (»UN refugee agency estimates 210,000 non-Albanians fled Kosovo«, AFP vom 22. Mai 2000), nach Angaben des Koordinationszentrums für Kosovo und Metochien der serbischen Regierung sind es bis zum Jahre 2005 insgesamt etwa 300.000 geworden, davon leben 287.000 in Serbien und Montenegro. Von der Ankunft der NATO-Truppen an im Juni 1999 bis zum Oktober 2005 sind lediglich 5.000 Serben in ihre Häuser im Kosovo zurückgekehrt.

28. März 1999 sprach Rudolf Scharping auf einer Pressekonferenz zum ersten Mal von »Völkermord«, drei Tage später trat der Verteidigungsminister zusammen mit Joschka Fischer vor die Mikrofone und detaillierte diese Behauptung mit ihm vorliegenden »zuverlässigen« Informationen über Massaker, Gräueltaten, Konzentrationslager und Hinrichtungen von Intellektuellen. Es handle sich, so die beiden Minister, um einen »von langer Hand geplanten, systematischen ethnischen Vertreibungskrieg«, der an den »Völkermord in Bosnien-Herzegowina« erinnere. Im Laufe der nächsten Tage und Wochen legte Scharping verbal nach – »Mordmaschinerie von Milošević's«, »bestialische Verbrechen«, »Schlachthaus«, »ethnische Säuberung«, »Selektierung«, »KZ« – und erkannte gar den »Blick in die Fratze der deutschen Vergangenheit« (zit. nach Andresen 1999). Joschka Fischer scheute den direkten Vergleich Milošević's mit Hitler nicht, sprach von der »serbischen SS« und verurteilte Kriegsgegner als »Weißwäscher eines neuen Faschismus« (vgl. Riese 1999; Claßen 1999). Den Bruch in seiner eigenen Biographie, die Wende vom Pazifisten zum Kriegsminister, erläuterte Fischer mit dem Satz: »Ich habe nicht nur 'Nie wieder Krieg' gelernt, sondern auch 'Nie wieder Auschwitz'« (in der ARD-Sendung *Panorama* vom 15.4.1999).

Untermauert wurde diese »außer Rand und Band geratene Kriegsrhetorik« (Baier 1999) mit laufend lancierten, jedoch unbewiesenen und im Augenblick ihrer Meldung auch unbeweisbaren Horror- und Gräuelgeschichten, die ein ungeahntes Ausmaß serbischer Verbrechen suggerierten. Der US-amerikanische Verteidigungsminister Cohen trat am 16. Mai vor die Presse und sprach von »bis zu 100.000 Toten«, eine Zahl, die vom Sprecher des State Department, James Rubin, bereits am 19. April in Umlauf gebracht worden war, wobei das US-amerikanische Außenministerium nicht ausschloß, daß sogar bis zu 500.000 vermißte Kosovo-Albaner getötet worden sein könnten (vgl. Halimi/Vidal 2000). Die Vereinten Nationen bezifferten die Toten erst auf 44.000, dann auf 22.000, um sich schließlich nach Beendigung des Kosovo-Krieges auf die Zahl von 11.000 festzulegen (vgl. Odraz 1999).[4] Rudolf Scharping legte am 8. April 1999 den »Hufeisenplan« vor, über den er in seinem Kriegstagebuch notierte: »Endlich haben wir den Beweis dafür, daß schon im Dezember 1998 eine systematische Säuberung und die Vertreibung der Kosovo-Albaner geplant worden waren« (Scharping

---

4 Sechs Jahre nach Ende des Krieges der NATO gegen Jugoslawien hat das Kriegsverbrechertribunal in Den Haag insgesamt 4.392 Tote exhumiert, großenteils ohne die nationale Zugehörigkeit oder die Todesursachen zu spezifizieren, davon sind 2,099 (58%) identifiziert; das jugoslawische Komitee zur Dokumentation von Verbrechen gegen die Menschlichkeit hat für den Zeitraum von Januar 1998 bis November 2001 die Zahl von 1.835 Toten (davon 297 albanische Zivilisten) und 1.441 Vermissten festgehalten; das Komitee des Internationalen Roten Kreuzes hat in der dritten Ausgabe seines Buches der Vermissten (2004) die Namen von 3.272 Personen dokumentiert, die spurlos verschwunden sind, davon etwa 300 Serben; nach Informationen des serbischen Roten Kreuzes wurden im Zeitraum von Juni 1999 bis Ende 2003 1.192 Serben und 593 Angehörige anderer Nationalitäten im Kosovo getötet; die serbische NGO der Angehörigen vermisster Personen im Kosovo suchte im Jahre 2005 immer noch nach 1.128 spurlos verschwundenen Angehörigen.

1999, 107). Später entlarvte u.a. der deutsche Brigadegeneral Heinz Loquai Scharpings Hufeisenplan als eine Fälschung (vgl. Loquai 2000)[5]. Der britische Premierminister Tony Blair faßte das Ergebnis des, wie er sagte, »neuen moralischen Kreuzzugs« der NATO kurz nach Kriegsende folgendermaßen zusammen: »Wir haben Erfolg im Kosovo, weil es sich hier um eine moralische Sache gehandelt hat, die von der großen Mehrheit unserer Bürger unterstützt worden ist. Als sie sahen, wie sich die Gräuel, die an das Nazi-Deutschland erinnerten, in Europa am Ende des 20. Jahrhunderts wiederholen, begriffen unsere Völker, daß wir unsere Streitkräfte und unsere finanziellen Mittel benutzen mußten, um dem ein Ende zu setzen« (Blair 1999).

Proteste jüdischer Organisationen, Intellektueller und Wissenschaftler gegen die Holocaust-Vergleiche der alliierten Regierungen noch während des NATO-Bombardements ließen die Völkermord-Kampagne nicht verstummen. Zeitungsanzeigen, Artikel und Appelle gegen die »Verharmlosung von Auschwitz« und die Instrumentalisierung des Holocaust für Propagandazwecke zeigten kaum eine Wirkung, so etwa der von Noam Chomsky initiierte Aufruf 140 US-amerikanischer Juden an die Partei der Grünen in Deutschland (Naiman/Chomsky/Herman 1999) oder die Demonstration jüdischer Überlebender des Holocaust vor den Vereinten Nationen in New York (IsraelWire 1999). Im Magazin *Newsweek* schrieb Nobelpreisträger Elie Wiesel: »Die Verfolgung der Albaner, so schrecklich sie ist, ist kein Holocaust« (Wiesel 1999), und die *Jewish World Review* erinnerte daran, daß die Juden in Deutschland keine Untergrundarmee hatten, die das politische Programm eines eigenen jüdischen Staates auf deutschem Boden verfolgte und systematisch Mordanschläge auf deutsche Polizisten und Soldaten verübte, um sie zu gewaltsamen Gegenaktionen zu provozieren, bei denen die eigene Bevölkerung in Mitleidenschaft gezogen wurde. Genau das aber tue die kosovo-albanische UÇK (Gorin 1999). Diese und ähnliche Argumente waren immer wieder zu

---

5 Trotz intensiver Recherchen (auch mit Hilfe von Insidern) gelang es uns nicht heraus zu finden, welche deutsche PR-Agentur und/oder welcher Journalist Rudolf Scharpings Kriegstagebuch geschrieben hat. Höchst problematisch ist nicht nur Scharpings gefälschter »Hufeisenplan«, weitaus problematischer ist der politische Umgang mit dieser Fälschung.
So kommt beispielsweise Tino Moritz in seiner sehr detaillierten und umfangreichen Diplomarbeit über den Umgang der deutschen Medien mit Scharpings »Hufeisenplan« zu folgendem Ergebnis: Dem von Scharping im April 1999 vorgelegten »Hufeisenplan« »wird sechs Wochen lang von keinem Journalisten der untersuchten deutschen Medien widersprochen. Währenddessen geht die Darstellung in dieser Zeit über die bloße Mitteilung der Politiker-Äußerung hinaus. Mehrere Zeitungen dokumentieren das vom Verteidigungsministerium herausgegebene Material und übernehmen in Überspitzung seiner inhaltlichen Akzente per Hauptzeile die von dem Minister vertretene Interpretation, nach der es sich bei ‚Potkova' um den Beweis einer seit langem geplanten Vertreibung der kosovo-albanischen Zivilbevölkerung handele« (Moritz 2001, 239). Nicht nur sind die Medien ihrer Wächterfunktion also nicht nachgekommen, auch der Deutsche Bundestag hat in seiner Kontrollfunktion kläglich versagt. Warum gab es nie eine Plenardebatte oder einen Untersuchungsausschuss zu Scharpings gefälschtem »Hufeisenplan«? Warum kann ein Bundesminister nachweislich und ungestraft lügen?

lesen: »Deutschlands Politik in den frühen 1940er Jahren war die totale Vernichtung eines ganzen Volkes [...]. Alle Juden sollten gefunden und getötet werden. Zugladungen voller Menschen wurden in Todesfabriken geschickt. [...] Etwa 200.000 Albaner leben heute sicher und komfortabel (so komfortabel es eben unter einem NATO-Bombardement geht) im Gebiet von Belgrad und Nordserbien. Wenn es einen Völkermord gäbe, wäre dies nicht der Fall. Selbst wenn man als gegeben hinnimmt, daß 800.000 Flüchtlinge von den Serben mit Gewalt vertrieben wurden (andere Fluchtgründe sind die schwere Bombardierung des Kosovo durch die NATO, Wasser- und Nahrungsmittelmangel in der Provinz, Zwangsrekrutierungen durch die UÇK und die Aussicht, sich in einer höllischen Kampfzone zu befinden, sollte eine Invasion von NATO-Bodentruppen erfolgen) – sie sind immer noch am Leben. Sie wurden nicht in Massentodeslager gesteckt und ausgelöscht. Es ist eine groteske Verzerrung der Wahrheit, die Erfahrungen der ethnischen Albaner mit jenen der Juden im Zweiten Weltkrieg zu vergleichen. [...] Es gibt noch einen anderen Grund, warum Juden es als widerwärtig empfinden, daß der Holocaust dazu benutzt wird, die Unterstützung für das tödliche Bombardement des jugoslawischen Volkes hochzupeitschen. Es ist eine wohlbekannte historische Tatsache, daß serbische Juden während des Zweiten Weltkriegs von der serbischen Bevölkerung in größtmöglichem Maße vor den Nazis versteckt und geschützt wurden. Das war unter den von den Nazis besetzten osteuropäischen Staaten einzigartig« (Emoff 1999).

Der Kosovokrieg war der erste Krieg, in dem die »Lehren aus dem Holocaust«, der Schutz der Menschenrechte und die Verhinderung eines Völkermords von den kriegführenden Regierungen als Hauptkriegsgründe genannt wurden. Die Holocaust-Vergleiche im Bosnien- und im Kosovokrieg haben auch dazu geführt, daß diese beiden Konflikte im Zentrum einer Debatte um die Globalisierung der Erinnerung an den Holocaust stehen. Nach Meinung vieler Autoren habe sich in den vergangenen zwei Jahrzehnten parallel zu anderen grenzüberschreitenden Entwicklungen eine Entgrenzung der national verorteten Erinnerungskultur vollzogen, die neue Maßstäbe für eine universalistische Kultur und Identität setzte. Für dieses Phänomen einer Globalisierung und Universalisierung des Holocaust steht der Begriff der »Holocaust-Industrie« (Finkelstein 2001) genauso wie der Vergleich militanter Tierschützer zwischen Massentierhaltung und dem Holocaust (Patterson 2004). Daniel Levy und Nathan Sznaider erklären die seit dem historischen Einschnitt von 1989 gewachsene globale Bedeutung des Holocaust in ihrem im Jahre 2001 erschienenen Buch so: »In einer Zeit der Ungewissheit haben grundsätzliche Fragen nach ‚Gut und Böse' an Bedeutung gewonnen. Dies macht u.a. die zeitgenössische Zentralität der Holocausterinnerung verständlich und die vielen Metaphern, die mit ihr einhergehen. Der Holocaust (bzw. seine Assoziation mit dem Genozid) ist in vielen westlichen Staaten zum moralischen Maßstab der Unterscheidung zwischen gut und böse geworden, ein Maßstab, an welchem humanistische und universalistische Ansprüche gemessen werden« (Levy/Sznaider 2001, 15).

Grafik 4:
Häufigkeit des Begriffs »purification ethnique« in der Zeitung Le Monde
(1992-1994)

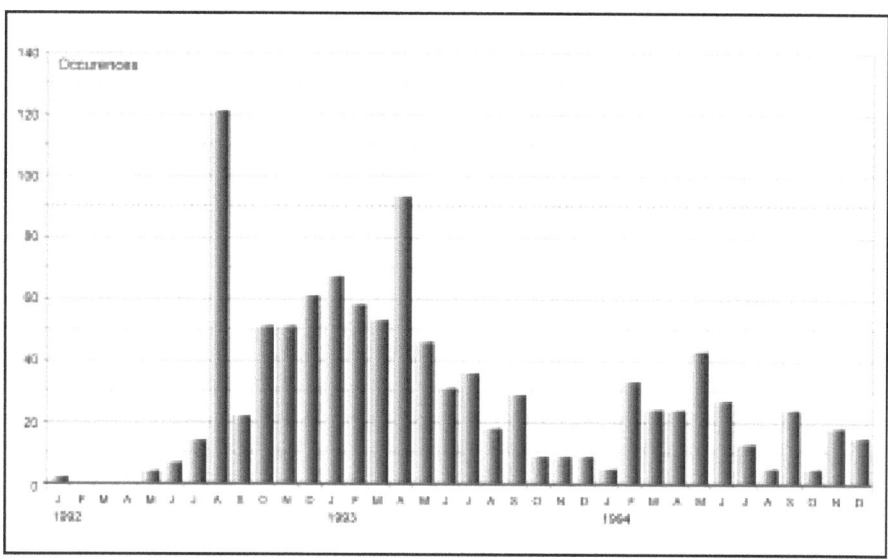

Quelle: Krieg-Planque (2003, 492).

Während sich darüber diskutieren lässt, ob die von Levy und Sznaider erkannte moralische Leere an der Nahtstelle zwischen Erster und Zweiter Moderne mit der Holocaust-Erinnerung sinnvoll gefüllt werden kann (Emoff 1999; Jacob 2000; Todorov 2004), bleiben zwei Umstände unbestreitbar: Nämlich, daß erstens der Gebrauch der Holocaust-Metaphorik im Bosnien-Krieg (und auf ihm aufbauend im Kosovo-Krieg) mit großer Plausibilität als Folge des Einsatzes einer PR-Agentur gewertet werden kann. So zeigt eine umfangreiche französische Studie, daß es gerade im August 1992 einen immensen quantitativen Anstieg der Verwendung des Begriffs »purification ethnique« in den frz. Medien gab (Krieg-Planque 2003), also genau in dem Monat, als Ruder Finn zunächst die US-amerikanische (jüdische) und dann die Weltöffentlichkeit mit dem einschlägigen moralischen Instrumentarium mobilisierte. Und zweitens läßt sich unschwer nachweisen, daß die Holocaust-Erinnerung als universalistische moralische Instanz und politische (bzw. politisch-militärische) Handlungsmotivation nur selektiv funktioniert. Das fällt einem nicht nur bei Vergleichen mit Bürgerkrieg, Gewaltanwendungen und Massensterben im Sudan oder beim Tod tausender irakischer Kinder in den neunziger Jahren als Folge des UN-Embargos sofort ein, sondern kann für den Vergleich Bosnien/Ruanda inzwischen als empirisch belegt gelten. So konnte die US-amerikanische Kommunikationswissenschaftlerin Melissa A. Wall (1997) in einem inhaltsanalytischen Vergleich von Presseberichten folgenden Nachweis erbringen: Während US-amerikanische Medien die Gewalttaten im ruandischen Bürgerkriegs 1994 stets mit ethnozentrischen Vokabeln aus dem Umfeld des für Afrika »typischen Tribalismus« beschrieben, verglichen sie die Gewalttaten in Bosnien stets mit Vokabeln aus dem Umfeld von Nazi-Gräueln. Die selektive Holocaust-Erinnerung im Falle Bosnien konnte also nur dann funktionieren, wenn geschlossene Informationskreisläufe in den westlichen Gesellschaften (Politiker, Medien, PR-Agenturen, NGOs, think tanks, Consulting-Firmen, Intellektuelle usw.) – geleitet von politischen und Machtinteressen – durch den Gebrauch einer entsprechenden Metaphorik eine solche Erinnerung evozieren.

5. *Der Synergie-Effekt*

Auch wenn – oder gerade weil – Slowenien in die Balkan-Kriege nur kurzzeitig verwickelt war, jedenfalls offiziell, spielte es eine wichtige Rolle bei der Produktion von Vorstellungen über die Ereignisse in Ex-Jugoslawien. Aufbauend auf den Dichotomien von zivilisiert-unzivilisiert, demokratisch-kommunistisch und gut-böse, wie beispielsweise in dem bereits erwähnten Artikel des slowenischen Außenministers Dimitrij Rupel, erreichte es nicht nur schnell das Image eines fortschrittlichen Staates, sondern galt in den neunziger Jahren, vor allem auch in Kontrast zu den Kriegen in Kroatien und Bosnien, als vorbildhaft für die ost- und südosteuropäischen Transitionsländer. Die FARA-Unterlagen belegen, daß sich diese Imagebildung von 1992 an mit Hilfe von US-amerikanischen PR-Agenturen vollzog. Insbesondere die Lobbying- und PR-Firmen des bekannten Washingtoner Lobbyisten Edward van Kloberg III. (van Kloberg & Associates und Washington World Group) leisteten dabei dem kleinen Staat mit knapp zwei Millionen Einwohnern große diplomatische Dienste.

Das Ergebnis dieser außenpolitischen Kommunikationsanstrengungen resultierte darin, daß die USA anfingen, in Slowenien eigene politische und militärische Interessen zu erkennen und es als Alibi für die NATO-Einsätze auf dem Balkan benutzten. Neben einigen Belegen, die diese These gut illustrieren können, spricht das folgende Ereignis für sich selbst: Zwölf Tage nach Beendigung des Kosovo-Krieges besuchte der US-amerikanische Präsident Bill Clinton mit Frau Hillary und Tochter Chelsea demonstrativ Slowenien. Vor seinem Abflug nach Ljubljana erklärte Clinton in Bonn die Absicht seines kurzen Slowenienaufenthalts: »Ich möchte, daß das US-amerikanische Volk und die ganze Welt eine Erfolgsstory aus Südosteuropa sieht« (*CNN*, 21. Juni 1999). Außerdem gratulierte Clinton dem slowenischen Volk, frühzeitig mit dem Milošević-Regime gebrochen und damit für »Stabilität in der Region« gesorgt zu haben.

Geht man von der Tatsache aus, daß die Führungen in Ljubljana, Zagreb und Sarajevo ihre politischen und militärischen Aktivitäten von 1991 an kontinuierlich parallel, zum Teil sogar koordiniert und mit den gleichen gegen Belgrad und die Serben überhaupt gerichteten Botschaften massiv von PR-Maßnahmen begleiten ließen (ab 1997 war auch Montenegro Teil dieser »Front«), kann und muß man von einem hoch wirksamen Synergie-Effekt im Hinblick auf die Etablierung einer bestimmten Lesart des blutigen jugoslawischen Zerfalls sprechen. Auch und gerade die Öffentlichkeitsarbeit der Führung der Kosovo-Albaner muß vor allem im Kontext dieser Synergien betrachtet werden. Sie beginnt bereits im Herbst 1992, als die Kampagne gegen die Serben einen ihrer Höhepunkte erreicht, und setzt sich fort bis nach dem Kosovo-Krieg. In diesem gesamten Zeitraum lehnt sie sich an bereits vorhandene Botschaften und Images an und verstärkt diese gleichzeitig durch die Lancierung kongruenter Botschaften und Images. Deshalb ist die Kommunikationsstrategie der Führung der Kosovo-Albaner bereits von 1992 an Teil einer Kriegspropaganda, auch wenn die kosovo-albanische Seite offiziell erst durch das öffentliche Auftreten der Untergrundarmee UÇK im Jahre 1998 zur aktiven Kriegspartei wurde.

Vor diesem Hintergrund seien vor allem die Leistungen zweier PR-Agenturen hervorgehoben:

- Die zu diesem Zeitpunkt international nicht anerkannte »Regierung der Republik Kosova« engagierte 1992 die PR-Agentur Ruder Finn, als diese noch für die kroatische und bosnisch-muslimische Kriegspartei tätig war. Nach Angaben von James Harff (2003) war die erste Leistung der Agentur die Entwicklung eines politischen Programms zur Unabhängigkeit der Kosovo-Albaner: »1992 kam Präsident Rugova zum ersten Mal nach Washington. Wir trafen uns mit ihm und versuchten ihm zu helfen, bei dem, was er sagen wollte. Es war klar, daß die Kosovaren unsere Hilfe brauchten, um ihre Botschaft an die US-amerikanische Wahrnehmungsweise anzupassen. Also, warum nicht eine Zehn-Punkte-Bill of Rights für das Kosovo entwerfen? Das ist es, was die Amerikaner verstehen – zehn Punkte. Und das taten wir auch. Zu diesem Zeitpunkt waren wir sehr kreativ in Bezug auf das, was wir formulieren konnten, was spezifisch war. Zum Beispiel – alle Albaner haben ihre Arbeitsplätze verloren. Das war eine Abschaffung der Menschen- und Bürgerrechte. [...] Aber das wichtigste der Rechte war die Schaffung eines UN-Protektorats im Kosovo. Wir dachten, das sei eine tolle Idee, weil wir eine Ähnlichkeit mit der UN-Charta suchten. Ich glaube, es war vielleicht nach einem Glas Wein, daß wir sagten: ,Warum nicht?' Das ist genau das, was wir brauchen. Das Kosovo muß beschützt werden. Was ist besser als ein UN-Protektorat? Also, Overhead-Punkt Nummer eins. Und so weiter. Rugova hielt eine Rede und wir hatten die zehn Punkte auf einer großen Tafel. Es war einfacher für die Medien, sie zu sehen und zu fotografieren. Erster Punkt: internationales Protektorat. Nach dem NATO-Bombardement wurde das UN-Protektorat geschaffen, und es existiert heute noch. Es ist sehr zufrieden stellend, zurückzublicken und zu sehen, daß das, was wir für die beste Interims Lösung hielten, heute besteht. Ich werde noch zufriedener sein, wenn das Kosovo unabhängig wird.«

Im Mai 1993 meldete die Belgrader Agentur *Tanjug* zum ersten Mal, daß in den USA ein von der albanischen Lobby entwickelter Plan kursiere, der vorsehe, das Kosovo in ein UN-Protektorat umzuwandeln (*Tanjug*, 4. Mai 1993). Die Agentur gab an, es seien dazu 18 mögliche Szenarien entworfen worden, um an dieses Ziel zu gelangen, darunter auch eine NATO-Intervention mit hunderttausenden von Flüchtlingen. Wie die FARA-Unterlagen belegen, wurde die Verbreitung des politischen Programms der Kosovo-Albaner bis Ende 1997 von Ruder Finn durch umfangreiche PR-Maßnahmen in Medien, NGOs, think tanks usw., durch CONDEL-Reisen ins Kosovo, Menschenrechtskampagnen sowie durch ein dauerndes Lobbying für eine Gesetzgebung im US-Kongress bzw. Resolutionen im UN-Sicherheitsrat unterstützt.

Um die synergetische Wirkung all der Botschaften, die serbische Repression, Grausamkeit und Willkür zum Inhalt hatten, noch zu potenzieren, verknüpfte Ruder Finn in den Jahren 1996/97 seine Kampagne für die Kosovo-Albaner mit einer Kampagne für den Muslimischen Nationalrat des Sandžak bzw. gegen die Unterdrückung der dort lebenden Muslime von seiten des serbischen Staates.[6] Damit schuf Ruder Finn in der Öffentlichkeit eine neue Konfliktpartei – eine neue unterdrückte Minderheit in Serbien –, um die US-amerikanische und Weltmeinung gegen Belgrad zu mobilisieren.

- Anfang 1998 setzte die Washington Group die Arbeit Ruder Finns für die Kosovo-Albaner fort. Der Beginn der PR-Aktivitäten der Washington Group deckt sich mit dem Beginn der Eskalation der Kämpfe zwischen der UÇK und der serbischen Polizei bzw. jugoslawischen Armee Anfang 1998 – die PR-Arbeit der Agentur endet mit der Beendigung des Kosovo-Krieges im Sommer 1999. In dieser Zeitspanne ist die PR-Firma an allen »Fronten« aktiv: im US-Kongreß, in der Clinton-Administration, im State Department, in den Medien, in NGOs, in think tanks und bei den Friedensverhandlungen von Rambouillet. Als eine ihrer wesentlichen Aufgaben beschreibt die Washington Group das Plazieren von Berichten und Kommentaren über serbische Gräueltaten an der kosovo-albanischen Bevölkerung in den Medien und die Werbung für eine Anklage Slobodan Miloševićs und seiner Gefolgsleute vor dem Kriegsverbrechertribunal in Den Haag.

Gleichzeitig, also von Mitte 1998 bis Mitte 1999, betreibt diese PR-Firma in der US-amerikanischen Öffentlichkeit eine Kampagne zur Unterstützung der Völkermordanklage Bosnien-Herzegowinas gegen die Bundesrepublik Jugoslawien vor dem Internationalen Gerichtshof in den Haag, womit durch ein geschicktes agenda setting die Erinnerungen an den Bosnien-Krieg belebt und Rückbezüge hergestellt werden, während der Konflikt im Kosovo eskaliert. Und parallel zu diesen Aktivitäten kommt es zum Einsatz der PMFs DynCorps und MPRI – auf Seiten der USA als »unabhängige« Beobachter in

---

6 Der Sandžak ist eine Region im Südwesten Serbiens, die an Montenegro, Bosnien und das Kosovo grenzt und überwiegend von slawischen Muslimen bewohnt wird, die sich 1993 zu Bosniaken, also zu bosnischen Muslimen erklärten. Die Partei Alija Izetbegović hatte einen starken Einfluss im Sandžak, und in der Armee Bosnien-Herzegowinas hatten viele Muslime aus dem Sandžak gekämpft.

der Kosovo-Verifikationsmission der OSZE und als Ausbilder der UÇK (Singer 2001-2002, 4).

Geht man von den Kommunikationskonzepten der PR-Agenturen aus, so sind viele weitere synergetische Effekte der verschiedenen Kommunikationsstrategien in den Balkan-Kriegen nachzuvollziehen. Die Einbindung von NGOs in die Informationskreisläufe ermöglichte, ähnlich wie im Biafra-Krieg (Zieser 1970), eine Entwicklung von sozialen Bewegungen und einen Meinungsbildungsprozess »von unten«; die Einflussnahme auf think tanks und Wissenschaftler verlieh den Botschaften intellektuelle und akademische Autorität.

Das so entstandene Netz von Verflechtungen, die einem gemeinsamen politischen Interesse dienen, ist schier undurchdringlich und kaum transparent zu machen. Hier entfaltet sich eine weitere Kommunikationsebene, die mit ganz ähnlichen Konzepten arbeitet wie PR-Agenturen.

Stellvertretend für viele sei hier nur der Fall der Public International Law & Policy Group (PILPG) aufgeführt. Diese NGO wurde 1996 gegründet und sieht ihre Hauptaufgabe in der Rechtsberatung von Transitionsländern. Finanziert wird sie u.a. von der American Society of International Law, dem Open Society Fund von George Soros, dem United States Institute of Peace, der Carnegie Corporation of New York, aber ebenfalls von der US-Albanian Foundation. Als Kooperationspartner werden u.a. das renommierte New England Center for International Law & Policy, die Carnegie Endowment for International Peace, das österreichische Außenministerium, aber auch der National American-Albanian Council genannt. Zu ihren Kunden zählt sie u.a. Bosnien, Kosovo, Mazedonien, Montenegro, das Action Council for Peace in the Balkans, die Alliance to Defend Bosnia, das Bosnian Heritage Rescue Committee, dem European Balkan Action Council und die International Crisis Group.

Zu den Projekten, die die PILPG durchgeführt hat, gehörte die Vorbereitung der Dayton-Friedensverhandlungen, der Verhandlungen von Rambouillet sowie Verhandlungssimulationen zur Erreichung der Unabhängigkeit des Kosovo von Serbien und der Loslösung Montenegros aus dem serbisch-montenegrinischen Staatenverbund. Darüber hinaus entwirft sie Resolutionen für die Generalversammlung der UN im Auftrag ihrer Klienten und betreibt »strategisches Consulting« u.a. für die Regierung der Kosovo-Albaner. Sie beliefert das Kriegsverbrechertribunal in Den Haag mit Material, plaziert Artikel in den Medien und stellt Experten für Medieninterviews und Anhörungen im Kongreß zur Verfügung. Zuletzt hat sie den Verfassungsentwurf für ein unabhängiges Kosovo entwickelt und die kosovo-albanische Seite bei den Verhandlungen über den zukünftigen Status des Kosovo unterstützt (vgl. www.pilpg.org).

Die PILPG gründete auch den Balkan Action Council, der sich aus ehemaligen hochrangigen US Politikern zusammensetzt, darunter Morton Abramowitz, Zbigniew Brzezinski, Jeanne Kirkpatrick und Paul Wolfowitz. Der Balkan Action Council entwickelt politische und militärische Optionen, die sie Politikern und Medien vermittelt. Während des Kosovo-Krieges drängten die Angehörigen des

Balkan Action Councils auf den Einsatz von Bodentruppen im Kosovo, hielten Pressekonferenzen ab, erteilten Briefings, diskutierten mit Politikern und NATO-Militärs und erhielten zur Verbreitung ihrer Anliegen die prominentesten Sendeplätze in den elektronischen Medien, wie etwa die Hauptabendnachrichten auf *CNN.*

Der Balkan Action Council wird in den FARA-Unterlagen an einer Stelle direkt als eine Art Sub-Klient der PR-Agentur Burson-Marstellar genannt, als diese 1997 für die Föderation Bosnien-Herzegowinas arbeitete. Einige der Namen, die die PILPG als Mitarbeiter vorzuweisen hat, erscheinen auch auf den Kontaktlisten der PR-Agenturen, und noch mehr Namen finden sich in der schon erwähnten, mächtigen International Crisis Group (ICG) wieder, einer NGO, die eigentlich als Kunde von PILPG firmiert. Zu ihnen gehören z.B. Richard Goldstone, der erste Chefankläger des Kriegsverbrechertribunals in Den Haag, der mit beiden NGOs zusammenarbeitet, aber auch Morton Abramowitz, Zbigniew Brzezinski, George Soros als Financier und Mitglied des Beirats, das United States Institute of Peace, die Carnegie Corporation of New York usw.

Die PILPG und die ICG sind einflußreiche politische pressure groups, die als »unabhängig« und damit als glaubwürdige Kommunikatoren gelten. Ihr politisches Programm ist aber im Fall des Balkan-Engagements eindeutig gegen Belgrad gerichtet, wie man beispielsweise an der Unterstützung der Unabhängigkeit des Kosovo und Montenegros erkennt. Diese Unterstützung war durchaus bemerkenswert deswegen, weil sie damals noch im Gegensatz zur offiziellen Politik der EU stand, da diese befürchtete, daß neue Sezessionen auf dem Balkan eine Kettenreaktion auslösen könnten, von der dann Mazedonien, Bosnien, Nordgriechenland, aber auch z.B. Rumänien mit seiner großen ungarischen Minderheit betroffen wären. Die PILPG, die ICG, das Soros Open Society-Institut und andere große US-amerikanische NGOs waren auch aktiv beteiligt an der Vorbereitung und Durchführung des Sturzes von Slobodan Milošević, der, wie die PILPG in ihrer Selbstdarstellung beschreibt, u.a. über die National Endwoment for Democracy mit Geldern der US-Regierung finanziert wurde.

Gerade weil in Deutschland die Beeinflussung von Presse und TV durch PR-Firmen noch relativ unterentwickelt ist (Röhm 1995), waren in unserem Kontext die Aktivitäten der Hunzinger Information AG umso wichtiger. Geleitet von Moritz Hunzinger, von 1979 bis 2004 Vorstandsvorsitzender dieser AG, schlugen die Kampagnen dieses PR-Unternehmens in die gleiche ideologische Kerbe wie die PR-Arbeit verschiedener US-Gruppen. Unter dem euphemisierenden Motto »Informationskampagne für die Demokratie in Serbien« war Moritz Hunzinger während des Kosovo-Krieges und danach vielfältig aktiv. So traf er Bundesverteidigungsminister Rudolf Scharping während des Krieges alle zwei Wochen zu einem Gespräch zwischen Kunden und Auftragnehmer und organisierte für Zoran Djindjić, damals noch einer der serbischen Oppositionsführer, und Milo Djukanović, den Präsidenten von Montenegro, eine Tour durch Westeuropa, auf der die beiden um die Unterstützung des NATO-Krieges gegen Jugoslawien warben. Insgesamt traf sich Moritz Hunzinger nach dem März 1998 mit Zoran Djindjić rd. 12 mal pro Jahr und vermittelte ihm rd. 250 Pressegespräche, TV- und Radiointerviews und zahlreiche Einzelgespräche und Präsentationen bei deutschen Industrievertretern und Politikern. Außerdem bat Moritz Hunzinger Verteidigungsminister Scharping sowie den damals amtierenden Befehlshaber Alliierte Landstreitkräfte Europa Mitte und Befehlshaber Joint Command Centre der NATO, General Reinhardt (später Oberbefehlshaber der KFOR Kosovo-Forces), im Auftrag des Vorsitzenden der Geschäftsführung der Messer Griesheim GmbH, Herbert M. Rudolph, die Belgrader Messer-Tochtergesellschaft Tehnogas als Bombenziel bei den NATO-Angriffen auszusparen, was auch geschah und wofür er sich später bei den beiden Verantwortlichen öffentlich bedankte.

Hunzinger verhalf Zoran Djindjić zu Schlüsselkontakten in der bundesdeutschen Medien- und Politikszene und erwirkte so eine massive Unterstützung des späteren serbischen Premiers durch die Bundesregierung bis hin zu freundschaftlichen Kontakten, beispielsweise mit Außenminister Joschka Fischer. In Serbien unterstützte er die Wahlkampagne von Djindjić und war für ihn schließlich auch noch tätig, als dieser Premierminister wurde.

Moritz Hunzinger, der einer Einordnung seiner Person als »Rüstungslobbyist« öffentlich nie widersprochen hat, zählt zu seinen Kunden und Hausautoren Militärs und Bundeswehrbeschäftigte, wie z.B. die Generäle Klaus Reinhardt und Günter Kiessling oder Ortwin Buchbender, früher an der Schule für Psychologische Verteidigung in Euskirchen tätig, dann Direktor der Akademie der Bundeswehr für Information und Kommunikation in Strausberg. Das Netz von Kontakten, das Hunzinger geschickt gelegt hat und nach seinem Ausscheiden diskret weiterführt, kennzeichnet ihn als einen Agenten in der Grauzone von Politik, Militär und Wirtschaft.

Eine Analyse der FARA-Unterlagen ergibt, daß die serbische Seite in den Balkan-Kriegen aus disparaten Teilen bestand, die einander widersprechende Inhalte kommunizierten (z.B. pro und contra Milošević). Demgegenüber steht das massive Zusammenwirken der umfangreichen Kommunikationsstrategien mehrerer serbischer Kriegsgegner, bis hin zur NATO, eingebettet in die Informationskreisläufe, die alle wichtigen gesellschaftlichen Multiplikatoren umfassen.

Aus dem Kommunikationsschema der nicht-serbischen Kriegsparteien fällt auch Mazedonien heraus, da es zum einen den Dienst von PR-Agenturen wenig nutzte und zum anderen keine Polarisierung gegenüber Belgrad betrieb. Wie aus den FARA-Unterlagen zu entnehmen ist, engagierte die mazedonische Regierung PR-Firmen, als zu Beginn des Jahres 2001 der bewaffnete Konflikt mit der UÇK ausbrach, um für Hilfsgelder und einen beschleunigten NATO-Beitritt des Landes zu werben, aber auch um sich militärischen Rat zu holen.

IV. Kapitel: Werbung: Der Fall Benetton und der Bosnienkrieg

Strukturell der Public Relations-Industrie auf das engste verwandt ist die der Werbung treibenden Industrie. Auch wenn die Rolle der Werbung in den Balkankriegen nicht im Mittelpunkt einer analytischen Auseinandersetzung steht, sei hier – quasi exemplarisch – auf eine internationale Plakatkampagne der Firma Benetton und ihres Starfotografen Oliviero Toscani eingegangen, sozusagen eine kleine »case study« für das Politische im scheinbar Unpolitischen.

Von 1982 bis 2000 arbeitete der Fotograf, Künstler und Werbegrafiker Oliviero Toscani für das italienische Unternehmen Benetton, ein transnationaler Konzern, der nicht nur im Bereich der Mode aktiv ist, sondern sich auch an Supermärkten, Bahnhöfen, Flughäfen und Telekommunikationsgeschäften beteiligt (vgl. Belussi 1987; Holtgrewe 1991, 16ff.). Der Benetton-Konzern steht paradigmatisch für das Geschäftskonzept eines »post-modernen« Konzerns: Familienunternehmen mit globaler Ausrichtung, junges Unternehmen, High-Tech, flexibel, integriertes Warenwirtschaftssystem, Franchise-Verträge mit selbständigen Subunternehmen, jugendliches Image, multikulturelle Werbung. Benetton verfügt über weltweit 7.000 Geschäfte in 110 Ländern, hat 50.000 Mitarbeiter und einen Jahresumsatz von rd. 7 Mrd. Euro.

Toscani wurde weltweit Mitte der achtziger Jahre des letzten Jhs. durch seine provokativen Benetton-Kampagnen bekannt. Konsumgüterwerbung machte hier nicht länger Werbung für ein Produkt, sondern prangerte in schockierender Form gesellschaftliche Missstände an wie Rassismus, Aids, Diskriminierung von Homosexualität und Behinderung, Natur- und Umweltverschmutzung, Gewalt und Krieg. Toscani verband seine Werbung für Benetton mit einer radikalen Kritik an der herkömmlichen Konsumgüterwerbung. Dieser Werbung machte Toscani folgende Vorwürfe: teuer, sozial schädlich, lügnerisch, dumm, rassistisch und ausländerfeindlich, verführerisch, frustrationsfördernd, spracharm, nicht kreativ, nicht innovativ. Zusammenfassend polemisch formulierte er: »Die Werbung ist ein parfümiertes Stück Aas. Von gerade Verstorbenen heißt es häufig: ,Er hat sich gut gehalten, man könnte meinen, er lächle uns an.' Das Gleiche läßt sich von der Werbung sagen. Sie ist tot, aber sie lächelt beständig« (Toscani 1996, 37).

Das Thema Krieg thematisierte Toscani zum ersten Mal kurz nach Ausbruch des Zweiten Golfkriegs mit dem Foto von einem französischen Soldatenfriedhof aus dem Ersten Weltkrieg im September 1991 in den beiden italienischen Tageszeitungen *Corriere della Siera* und *Il Sole 24 Or*. Weitere italienische und ausländische Zeitungen verweigerten den Abdruck, beim *Stern* in Hamburg hieß es, man habe »böse Erfahrungen mit dem Soldatenfriedhof« gemacht.

Viel drastischer noch als dieses war sein zweites Anti-Kriegs-Plakat von 1994, nämlich das mit dem Motiv der Uniform des Soldaten Marinko Gagro. Dieses Plakat zeigt eine auf dem Boden ausgebreitete Drillichhose und ein rosafarbenes blutverschmiertes T-Shirt samt Einschussloch – und unten links am Rand steht das Benetton-Label. Über dem Plakat steht der Text:»Ich, Gojko Gagro, Vater von Marinko Gagro, geboren 1963 in Blatnica, Gemeinde von Čitluk, wünsche, daß der Name meines toten Sohnes Marinko und alles, was von ihm geblieben ist, für den Frieden und gegen den Krieg verwendet wird.«

Der weltweite Protest, den das als Tabu-Bruch empfundene Motiv dieses Plakates auslöste, war noch heftiger als bei Toscanis erstem Anti-Kriegs-Plakat. Die *Los Angeles Time* verweigerte einen Abdruck unter Hinweis auf das Gewaltpotential dieser Anzeige, *Le Monde* und *Le Figaro* boykottierten dieses Motiv, UNICEF in Genf warf Toscani vor, »den Schrecken der Welt zu instrumentalisieren«, eine deutsche NGO ließ rechtlich prüfen, ob Benetton mit diesem Plakat den Bosnienkrieg zu Gewinnzwecken ausbeute, die in Göttingen ansässige »Gesellschaft für bedrohte Völker« sah in diesem Plakat einen Verstoß gegen die UN-Konvention zur Verhütung von Völkermord, und Jacques Séguéla, französischer »Werbepapst« und Chef Creative Officer von Havas Advertising, der heute viertgrößten Werbeagentur der Welt, nannte dieses Plakat das »abstoßendste jemals veröffentlichte Werbeplakat«.

Abbildung 1:
Das Benetton-Plakat »Marinko Gagro« von Oliviero Toscani (1994)

Quelle: http://www.benetton.com/press/sito/_media/photo/camp94_soldier.jpg.

Freilich gab es auch Zustimmung zu diesem Plakat, besonders von der Design-Gruppe TRIO in Sarajevo, aber auch von einem (unbekannt bleiben wollenden) Waschmittelhersteller, der das blutverschmierte T-Shirt in einer Fotomontage gereinigt hatte, um auf die Wirksamkeit des beworbenen Produktes aufmerksam zu machen. Allerdings wurde dieses von der Werbeagentur J. Walter Thompson entworfene makabre Plakat zur Veröffentlichung nicht frei gegeben.

Oliviero Toscani erhielt für seine Arbeiten in vielen Ländern den Jahrespreis für den besten Art Director (Österreich 1989, Deutschland 1991), darunter 1994 vom Art Directors Club of New York die so genannte Management Medal für seine das soziale Gewissen aufrüttelnde Werbebotschaften. Aus Toscanis Kritik an der herkömmlichen Konsumgüterwerbung leitet sich die Zielsetzung für seine eigene Arbeit ab. Da er unterstellt, daß normale Werbung die Wirklichkeit ausblendet, will er mit seiner Kunst »die Realität sponsern«. »Sobald der Schock durch das Bild einsetzt, schweigt die Werbung, die Bedeutung bleibt offen, die Interpretation ebenso. [...] Die Botschaft von Benetton ist die Diskussion. Die Botschaft ist die ausgelöste Kontroverse.« (Toscani 1996, 86)

Überblickt man die internationale Diskussion über die soziale Bedeutung von Werbung der letzten Dekaden, dann gehören einerseits Oliviero Toscani und andererseits Frédéric Beigbeder mit seinem Roman »Neununddreißig neunzig« (2001) zu den schärfsten Kritikern der Werbebranche, und zwar von innen heraus, nicht als kulturpessimistische Kritiker von außen, wie einst Vance Packard mit seinem Buch »Die geheimen Verführer« von 1957.

Abbildung 2:
Das durch die Werbeagentur J. Walter Thompson verfremdete Benetton-Plakat »Marinko Gagro« von Oliviero Toscani

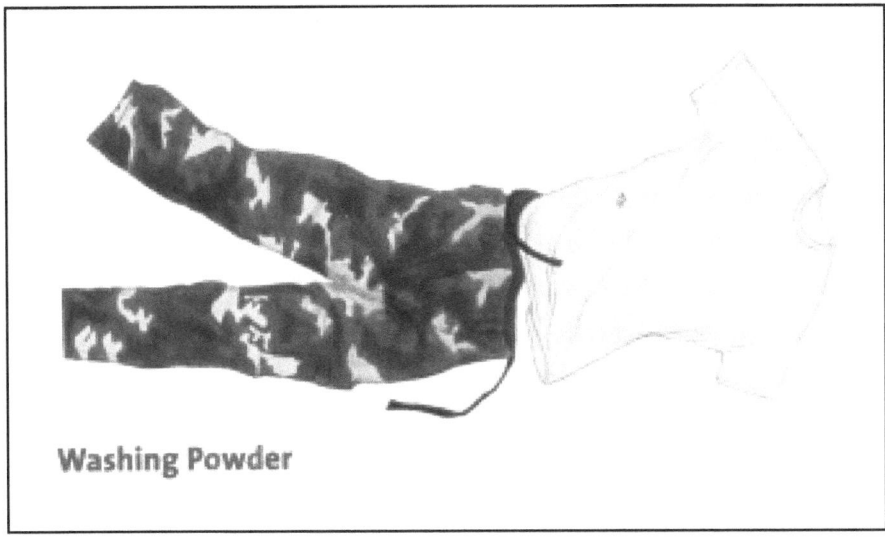

Quelle: Zwangsleitner, Klaus (Hrsg.) (1997): Rejected. Unpublished – Best Rejected Advertising, Berlin: Grey Press, S. 173.

Toscanis Arbeit war und ist ein Markstein berechtigter Werbekritik und an seinen provokanten Grenzüberschreitungen kann eine grundsätzliche Neudefinition von Werbung nicht mehr vorbeigehen. Überspitzt formuliert: Verhindert die Infiltration von herkömmlicher PR in den herkömmlichen Journalismus dort jegliches Erkennen von Realität, so kommt die Realität durch provokante PR in provokanter Werbung zurück.

Aber: Sieht man sich Toscanis Selbstaussagen zu diesem Plakat des Soldaten Marinko Gagro ideologiekritisch im Kontext des Bosnienkrieges an, dann erscheint dieses Anti-Kriegs-Plakat in einem anderen Licht. Zunächst einmal ist der Zeitpunkt wichtig, an dem dieses Plakat entstand, nämlich im Februar 1994. Zu diesem Zeitpunkt erhielt Toscani die Kleidungsstücke vom Vater des getöteten Soldaten, einem Kroaten, mit der Bitte zugeschickt, diese Hinterlassenschaft seines Sohnes »für den Frieden und gegen den Krieg« zu benutzen. Wissen muß man in diesem Kontext, daß der Februar 1994 von herausragender Bedeutung in der Geschichte des Bosnienkrieges war: Zum einen war die Weltöffentlichkeit gerade vom Ersten »Marktplatz-Massaker« am 5.2.1994 in Sarajevo erschüttert worden, und zum anderen gab es am 28.2.1994 den ersten scharfen NATO-Beschuß gegen vier serbisch-bosnische Flugzeuge. Und Toscani lässt sich mit seinem Plakat und zu diesem Zeitpunkt völlig unkritisch von der herkömmlichen medialen Wahrnehmung des Bosnienkrieges vereinnahmen. Er übernimmt von dem Vater des getöteten Soldaten unkommentiert dessen Selbstaussage, daß dieser »von den Serben getötet« worden sei, er ist stolz darauf, »daß das Bild um die Welt gegangen ist, daß es das Bewußtsein der Amerikaner aufgerüttelt hat, die zögerten, sich in Ex-Jugoslawien zu engagieren«. Und aus der Sicht von Oliviero Toscani hat dieses Bild »zur großen Debatte über die Beibehaltung des Waffenembargos gegen die Bevölkerungsgruppen beigetragen, die unter dem Trommelfeuer der Serben lagen«. Das Bild habe »überall den Schrecken dieses Krieges wieder in Erinnerung gerufen, der den Frieden in Rest-Europa, wenn nicht den der Welt bedroht« (Toscani 1996, 90).

Wie moralisch berechtigt auch Toscanis allgemeine Anklage gegen Krieg, »institutionalisierte Gewaltakte und Tod« gewesen sein mag, so sehr macht der konkrete politische Kontext des Marinko Gagro-Plakates deutlich, daß sie keinesfalls kritisch ist. Im Gegenteil. Dieses Plakat ästhetisierte die (bildlich abwesenden) Serben zu Mördern und forderte die Weltgemeinschaft indirekt dazu auf, endlich einzugreifen. Vor dem Hintergrund der blutigen Ereignisse in Bosnien im Jahre 1994, wie etwa dem »Marktplatz-Massaker« im Februar, das weltweit Empörung auslöste, und der Identifizierung der Serben als Alleinschuldige bzw. ihrer Kriegsgegner als ihnen hilflos ausgelieferte Opfer diente, erscheint Toscanis Plakat als Anklage gegen die passive Haltung vor allem der westlichen Staatengemeinschaft und als ein Aufruf zum Handeln. Und Handeln hieß damals in den intellektuellen und Künstlerkreisen des Westens – Waffenlieferungen an die serbischen Kriegsgegner zulassen und/oder militärisch intervenieren.

Heute weiß man, daß sich insbesondere die US-amerikanische Regierung diesem öffentlichen Druck offiziell – zunächst – nicht beugen wollte, heimlich jedoch iranische Waffenlieferungen über Kroatien an die bosnischen Muslime nicht nur zuließ, sondern auch aktiv förderte. Die Unterstützung der Muslime in Bosnien war die Folge einer entscheidenden strategischen Wende im Jahre 1994: Vermittelt durch ein äußerst seltsames Bündnis der Regierungen Deutschlands, des Iran und der USA wurde, wie bereits erwähnt, im März 2004 in Washington eine kroatisch-muslimische Allianz gegen die Serben geschmiedet und zu einer schlagkräftigen Kriegspartei aufgerüstet.

Im Kontext der ex-jugoslawischen Balkankriege vermittelt Toscanis Plakat auf den ersten Blick die typische Botschaft eines aufgeklärten westlichen Liberalen. Seine weltmännische und elegant-universalistische Perspektive zwingt ihn fast zu einer pazifistischen Anti-Kriegsattitüde: Kriege sind selbstverständlich zutiefst grausam, passen nicht in das 20. Jahrhundert, schon gar nicht »mitten in Europa« (stören übrigens die Geschäfte) und sind unästhetisch, eben blutverschmiert. Auf den zweiten Blick freilich enthüllt dieser Universalismus sein spezifisches Moment. Es ist das im Laufe der Ex-Jugoslawien-Kriege nur allzu bekannte anti-serbische Feindbild. Schließlich sind die Mörder des Kroaten Marinko Gagro Serben.

Peter Handke, poetischer Tabuverletzer der gängigen political correctness gegenüber Serbien (Ebert 2002), hat genau diese Positionierung von Benetton in seinem Theaterstück »Die Fahrt im Einbaum oder Das Stück zum Film vom Krieg« aufgespießt, wenn auch nur in einer kleinen Nebenbemerkung – aber sein ganzes Stück lebt ja von der Aneinanderreihung von kleinen Nebenbemerkungen und -sächlichkeiten. Ganz zu Anfang von Handkes Drama hält ein US-amerikanischer Kriegsfilmregisseur seine ersten Eindrücke auf dem Balkan mit folgenden Worten fest:

»Mit dem Eintritt ins Land hätte ich nicht mehr sagen können, wo ich war. Nicht bloß kein Schimmer von meinen Vereinigten Staaten: auch ein Europa – ist das denn überhaupt ‚Europa'? ‚Asien' ist es auch nicht? was ist es –, wie es sich meine Amerikaneraugen nie hätten träumen lassen. Nicht, daß ich mir etwa das Grün meines Altvordern-Irland erwartet hätte, oder Ihre spanische Hochlandsteppe, Luis, oder das Matterhorn, oder den Himmel über Delft, oder eine Audienz beim Papst. Aber doch wenigstens hier und da einen kleinen Hinweis auf Universelles, auch bloß ein internationaler Firmenname – es muß ja nicht ‚Benetton' sein« (Handke 1999, 12).

V. Kapitel: NGOs im Geflecht von Kriegspropaganda

1. Zur Entmythologisierung von NGOs

Viel ist in der bisherigen Argumentation – wenn auch oft nur en passant – die Rede von NGOs. Dies geschieht aus zwei Gründen. Zum einen gilt es der empirischen Wirklichkeit der Balkankriege gerecht zu werden und die besagt – sine ira et studio –, daß eine Diskussion über diese Kriege dann sehr verzerrt wäre, würde man die enorm wichtige Rolle, die die NGOs in der öffentlichen Diskussion über diese Kriege spielten und noch spielen, nicht aufarbeiten. Zum anderen muß in dem Augenblick über NGOs geredet werden, in dem über PR-Agenturen gesprochen wird. Kommunikative Angebote, die auf ein soziales System von außen oder von oben eindringen, können in diesem System grundsätzlich nur dann wirken, wenn es innerhalb dieses Systems Widerlager und Auffangpositionen gibt. Viele NGOs in den westlichen Industrieländern waren für die PR-Agenturen während der ex-jugoslawischen Kriege genau ein solcher kommunikativer Sparring-Partner. Ohne ihre (freiwillige oder unfreiwillige) Mitarbeit am Aufbau einer öffentlichen Meinung wäre die Arbeit der PR-Agenturen kaum so erfolgreich gewesen, wie sie es denn war.

Was eigentlich sind NGOs? »Sie sind das gute Gewissen, wenn der Staat versagt: Nicht-Regierungsorganisationen« (Herkendell 2003, 17). Diese höchst normativ aufgeladene Einschätzung der politischen Rolle von NGOs durch eine Journalistin spiegelt sich auch in der allgemeinen Bevölkerung wider. Während Greenpeace und ADAC im Urteil der deutschen Bevölkerung weit vor politischen Parteien, Kirche und Gewerkschaft das größte institutionelle Vertrauen genießen (McKinsey 2003), sind NGOs nach einer Bewertung von 850 befragten europäischen und US-amerikanischen Managern »auf dem besten Wege, internationale Super-Marken zu werden (Hoursch/Klenk 2002, 138). Auch in der Sozialwissenschaft herrscht dieses positive Bild der NGOs vor. Bei dem Schweizer Soziologen Jean Ziegler mutieren die NGOs gar zu »globalen Widersachern« (Ziegler 2005). Auch und gerade die Friedensforschung teilt und perpetuiert dieses idealistische Bild von den NGOs. Besonders deutlich wird dies in den Arbeiten des Duisburger Instituts für Entwicklung und Frieden (INEF). So sieht z.B. dessen Mitarbeiter Dirk Messner in den NGOs die »fünfte Säule« der Weltpolitik neben der Legislative, der Exekutive, der Judikative und den Medien (zit. nach Stickler 2005, 29).

Freilich hatte sich bereits 1844 der Sozialphilosoph Karl Marx in seinem Essay über »Idee und Interesse« vehement von solchen idealistischen Analyse gesellschaftlicher Zusammenhänge distanziert, indem er trocken und nüchtern ausführte: »Die ‚Idee' blamierte sich immer, soweit sie von dem ‚Interesse' unterschieden war« (Marx 1953, 319). Weder gilt es dem »Tugendterror« (Hegel) der NGOs aufzusitzen, noch kann es in der Politikwissenschaft eine von der zentralen

Kategorie »Interesse« freie Analyse geben. Was also sind NGOs und was sind deren Interessen im 21. Jahrhundert?

Nach ihrem Eigenverständnis haben NGOs folgende Ansprüche an sich selbst: Staats- und Regierungsunabhängigkeit, Non-Profit-Orientierung, Wahrnehmung nur öffentlicher Interessen, Universalität und Gemeinnützigkeit ihrer Werte, politische Ziele und freiwilliger Ressourcenzufluss (Take 2002, 42). Thematisch engen sich die meisten NGOs auf Ökologie, Menschenrechte, Entwicklung, soziale Gerechtigkeit, Frieden und Gender ein (Schrader 2000, 30). Allerdings bricht sich dieses Selbstbild der NGOs erheblich an der Realität, und es bricht sich vor allem dann, wenn man die genannten, aber veralteten Selbstbilder mit ihrer gegenwärtigen Wirklichkeit in Bezug setzt. Zwar mögen NGOs von sich selbst gerne sagen, sie stünden jenseits von Markt und Staat, doch sieht die Wirklichkeit anders aus. Und eine weitere Dimension im Selbst- und Fremdbild von NGOs hat mit der Wirklichkeit immer weniger gemein. Gab und gibt es das Bild, NGOs seien »irgendwie« links, links-liberal, emanzipiert oder alternativ, so lässt sich erstens zeigen, daß sich einige ökologisch orientierte NGOs inzwischen rechten politischen Ideologien verschrieben haben (Bergstedt 2002) und zweitens, daß eine NGO wie die 1981 gegründete Internationale Gesellschaft für Menschenrechte (IGFM) von Anfang an stark im anti-kommunistischen und reaktionär-rechten trüben Fahrwasser fischte (Platzdasch 1990) und daß eine andere NGO, nämlich die Gesellschaft für bedrohte Völker (GfbV), z. Tl. durchaus auch rechtslastig sein kann (Fischer 2004).

Schließlich stimmen auch manchmal weder das Selbst- noch das Fremdbild, NGOs seien finanzbedürftige oder gar arme Institutionen. Hatte allein die US-amerikanische Sektion des World Wildlife Fund (WWF) schon Anfang der neunziger Jahres des letzten Jhs. jährliche Einnahmen von rund 53 Mio. US-Dollar, so übertraf zum gleichen Zeitpunkt Greenpeace International mit seinen Jahreseinnahmen von rund 100 Mio. US-Dollar sogar den Etat des Umweltprogramms der Vereinten Nationen UNEP. Zählt man in gewisser Weise auch karitative Organisationen zu den NGOs, dann gilt für die Wohlfahrtsverbände in Deutschland folgendes: Die Arbeiterwohlfahrt beschäftigt gegenwärtig rund 145.000 Menschen – das sind nur rund 30.000 Menschen weniger als im VW-Konzern. Oder: Die katholische Caritas hat 500.000 Mitarbeiter, d.h. jeweils mehr als die beiden multinationalen Konzerne Siemens oder DaimlerChrysler weltweit. Zusammen arbeiten in den mehr als 100.000 gemeinnützigen sozialen Einrichtungen der fünf Spitzenverbände in Deutschland rund 1,3 Mio. Menschen – der Jahresumsatz dieser Einrichtungen beträgt rund 55 Mrd. Euro (Enste 2004).

Befragt man NGOs nach den psychologischen, organisationstheoretischen, soziologischen und herrschaftstheoretischen Bedingungen ihrer Existenz und ihres gesellschaftlichen Handelns, dann gilt es zunächst einmal festzuhalten, daß sie Ausdruck einer gesellschaftlichen Legitimationskrise sind. Während das Verhältnis zwischen Herrschern und Beherrschten zunehmenden Brüchen, Belastungen und Krisen unterworfen ist – die berühmten Habermasschen Legitimationsprobleme im Spätkapitalismus (Habermas 1973) – füllen NGOs die dadurch entstandene Legitimationslücke entweder von unten (soziale Bewegungen) auf oder werden als politisches Instrument der Konfliktharmonisierung und -verschleierung von oben (Sozialpartnerschaft) initiiert. »Kauf dir eine Volksabstimmung« nannte dementsprechend und mit guten Gründen der österreichische Publizist Markus Wilhelm die zahlreichen Manipulationszusammenhänge anlässlich der EU-Volksabstimmung in Österreich 1995 (Wilhelm 1997).

In Gesellschaften, in denen sich für das Individuum Sinn nicht mehr über die alten Medien Religion, Politik oder Markt vermittelt (vermitteln kann), stehen NGOs – wie in Grafik 4 dargestellt – (auf einmal) in der Mitte aller gesellschaftlichen Austausch- und Vermittlungszusammenhänge. Freilich herrschen zwischen den NGOs und allen vier gesellschaftlichen Teilsystemen (Regierungen, Unternehmen, Militär, Medien) völlig normale und in der Sozialwissenschaft gut bekannte, aber zu entmythologisierende, Markt- und/oder Bürokratiestrukturen. Einige Beispiele mögen diese Beziehungen illustrieren.

Grafik 5: Das gesellschaftliche Umfeld von NGOs

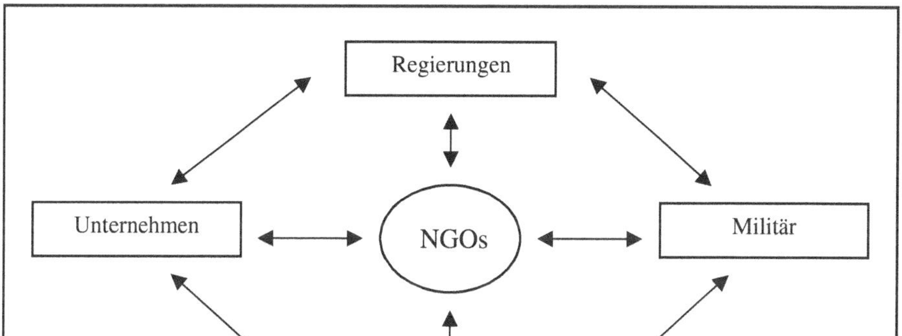

a. Ebene Unternehmen-NGOs

- Der Energiekonzern RWE-Rheinbraun organisierte und bezahlte 1995 eine politische Demonstration seiner Mitarbeiter und Gewerkschaftsmitglieder gegen die Rot-Grüne Regierung vor dem Landtag in Düsseldorf, in dem er die Kosten für den Druck der Flugblätter, die Herstellung der Transparente und die Fahrtkosten für Busse übernahm.

- Wo NGOs nach normalen Kriterien eines Unternehmens geführt werden, wird ein Elitentausch normal. Nach seiner Karriere bei der Weltbank und in der Metallindustrie wurde der Manager Thilo Bode 1989 Geschäftsführer von Greenpeace Deutschland und 1995 Executive Director für Greenpeace International. Seit 2002 ist Bode Geschäftsführer der neuen Verbraucherschutzorganisation Foodwatch. Ein ähnliches Karrieremuster zeigt der Lebenslauf von Peter Eigen. Zunächst als Manager bei der Weltbank tätig, verließ er diese 1991 und gründete 1993 in Berlin die NGO Transparency International. Solche Personalkarrieren resümierend heißt es in einer französischen Studie: »Auch die großen NGOs suchen sich ihre jungen Spezialisten unter den besten Absolventen der US-amerikanischen Ivy-League-Universitäten [...], die – Noblesse oblige – schon immer einen Hang zu Idealismus und Universalismus hatten« (Dezalay/Garth 2005, 23). Zu diesen beiden Berufswegen passt gut auch der des Michael Braungart: In den siebziger Jahren des letzten Jhs. als Leiter von Greenpeace-Aktionen in Deutschland aktiv, hat der Chemiker Braungart längst »die Fronten« gewechselt. Über das Hamburger Umweltinstitut (HUI), das ihm und seiner Frau, der SPD-Politikerin Monika Griefahn gehört, berät er mit den Firmen Monsanto, BASF oder Degussa inzwischen die Großen der Chemiebranche.

Daß es weit jenseits solcher einzelnen Beispiele inzwischen einen symbiotischen Zusammenhang zwischen Unternehmen und NGOs gibt resp. geben sollte, zeigt eine 2003 veröffentlichte Studie der Fa. SustainAbility Ltd., die von UN Global Compact und der UNEP in Auftrag gegeben wurde (SustainAbility 2003). Diese Studie empfiehlt, daß zukünftige NGOs das konfrontative Politikmodell des 20. Jahrhunderts aufgeben und sich zusammen mit Regierungen und Unternehmen einer höchst professionellen Reform von Marktsystemen widmen müssten.

b.   Ebene Regierungen-NGOs

Der Begriff »Jubelperser« steht für die von der damaligen iranischen Regierung bezahlten Demonstranten gegen linke Studenten bei der Anti-Schah-Demonstration im Juni 1967 in Berlin und bringt einen systemischen Gedanken gut auf den Begriff: Regierungen kaufen sich auf dem Markt soziale Protestformen je nach Notwendigkeit ein. Die Liste von vielen von Regierungen eingekaufter vergleichbarer »Jubelperser« ist lang. Insgesamt ist das Beziehungsgeflecht zwischen Regierungen und NGOs sehr alt, sehr dicht, intransparent und von informellen Personalstrukturen abhängig und ausgesprochen wirkmächtig. Es reicht von der Gründungshilfe der CIA bei der Gründung der deutschen Sektion von Amnesty International (Schmidt-Eenboom 2004, 351ff.) über die Tatsache, daß sich 1999 das Budget der NGO Germanwatch zu 70% aus öffentlichen Zuweisungen zusammensetzte bis hin zu dem von den NGOs als Durchbruch erzielten Umweltgipfel der UNCED in Rio de Janeiro 1992, an dem sich 1.400 NGOs registrieren ließen.

Eine Symbiose zwischen Regierungen und NGOs zeigt sich nicht zuletzt an zahlreichen Entscheidungen europäischer Regierungen in den ex-jugoslawischen Bürgerkriegen. Da wurde der Arzt Bernard Kouchner aus Frankreich – zunächst Vorsitzender einer Studentengruppe der Kommunistischen Partei Frankreichs, 1968 medizinische Tätigkeit im Biafrakrieg, 1971 Gründer und Präsident der NGO »Ärzte ohne Grenzen« und schließlich seit 2007 französischer Außenminister in der konservativen Regierung von Premierminister François Villon und nicht zufällig einer der Begründer und aggressivsten Befürworter des Prinzips der »humanitären Intervention« und eines so genannten »Rechts auf Einmischung« (droit d'ingérence humanitaire) (vgl. Föllmer-Müller 2007) – zum Speziellen Repräsentanten von UN-Generalsekretär Kofi Annan und Chef der UNMIK im Kosovo ernannt und da sitzen im Executive Board des für die gegenwärtige Balkan-Politik so mächtigen think tank International Crisis Group mit Sitz in Brüssel, der sich so gerne als neutrale NGO geriert, fast ausschließlich Politiker und Militärs, nämlich die früheren Staats- oder Ministerpräsidenten Martti Ahtisaari (Finnland), Wim Kok (Niederlande), Ruth Dreifuss (Schweiz) und Mark Eyskens (Belgien), mächtige Politiker wie Uffe Ellemann-Jensen (Dänemark), Carla Hills (USA) und Emma Bonino (Italien) oder Militärs wie Wesley Clark, der frühere NATO-Oberkommandierende in Europa.

c. Ebene Medien-NGOs

Ein international renommierter Kommunikationswissenschaftler wie Ignacio Ramonet und gleichzeitiger Chefredakteur von »Le Monde Diplomatique« mußte genau wissen, was er tat, als er 1987 mit einem Artikel in seiner eigenen Zeitung den Anstoß zur Gründung der NGO attac gab. Und diese Zeitung ist beileibe nicht das einzige Massenmedium, das sich einer NGO sehr verbunden fühlt oder sich zu Image- und PR-Zwecken gar eine eigene NGO gründet. Es ist die äußerst knappe Ressource Aufmerksamkeit (Franck 1998), die die NGOs zu einer symbiotischen Kooperation mit den Massenmedien zwingt. Die vielfältigen Medienbeiträge und Fotoreportagen von NGOs aus Kriegs- und Krisengebieten sind primär nicht einem journalistischen Ethos verpflichtet, wohl aber dem bezahlten und meßbaren Effizienzkriterium einer PR-Strategie, der es darum geht, daß ein Medienrezipient Name und Image einer NGO mit »guten Taten« assoziiert. In Bezug auf die Rolle der NGOs bei der Kriegsberichterstattung im Bosnien-Krieg resümiert Christian Ondracek eine Befragung von Journalisten in Sarajewo mit folgenden Worten: »Nicht immer waren die vermeintlich unabhängigen NGOs die ertragreichsten Quellen. […] NGOs sind die Vermittlungsagenturen für die soziale Katastrophe. Dem Korrespondenten kann das nur recht sein« (Ondracek 2001, 112 und 116).

NGOs arbeiten heute professionell mit PR-Agenturen zusammen. So gewann z.B. die NGO Terre des Hommes gemeinsam mit der Agentur Hill & Knowlton 2004 den Zimpel Award der deutschen PR-Wirtschaft für die beste langfristige PR-Strategie. Pecunia non olet: In der Welt der PR-Agenturen kann Geld nicht stinken. So heizte dieselbe Firma Hill & Knowlton 1990 im Auftrag der Regierung von Kuwait den US-amerikanischen Krieg gegen den Irak dadurch an, daß sie eine Gewalt förderliche Medienkampagne gegen dieses Land initiierte – 2004 verantwortete eben dieses Unternehmen Hill & Knowlton im Auftrag von Terre des Hommes eine Medienkampagne gegen Gewalt gegen Kinder.[7] Andere NGOs wie Greenpeace vergeben weniger PR-Aufträge nach draußen, sondern haben hausintern PR-Spezialisten angestellt. So schreckte die aktionsorientierte NGO Greenpeace bei der zur Debatte stehenden Versenkung der Ölplattform »Brent Spar« 1995 auch nicht vor übelsten Medienmanipulationen zurück. Die selbsternannten »Krieger des Regenbogens« von Greenpeace spielten sehr effektiv auf der Medienklaviatur von Reality-TV, Event-Marketing und Entertainment für das heimische Pantoffelkino (Rossmann 1992; Schubert 2000; Jordan 2001).

Jenseits solcher Einzelbeispiele ist das Verhältnis der beiden Teilsysteme Medien und NGOs zueinander so intim, daß beide wie siamesische Zwillingen miteinander zusammen gewachsen sind. Wie der Terrorist die Medienöffentlichkeit braucht, um mit dieser kommunizieren zu können, so brauchen auch NGOs die massenmediale Öffentlichkeit, um auf sich aufmerksam zu machen. Wie eng und symbiotisch das Verhältnis Medien zu NGOs ist, kann man an den folgenden drei Momenten ablesen. 1. Wer als NGO im Sinne der Resolution 1296 (XLIV) des Wirtschafts- und Sozialrats der UN (ECOSOC) von 1968 anerkannt werden will, darf »den freien Informationsfluss« nicht behindern – ungehindert des Herrschaftscharakters gerade dieses Rechtsprinzips (Schiller 1975). 2. Bei der in den letzten zwei Dekaden erfolgten Abkoppelung der NGOs von ihren jeweiligen sozialen Bewegungen spielte die Medienfrage eine herausragende Rolle. Mobilisierten NGOs früher Menschen, so betreiben sie heute mediale Öffentlichkeitsarbeit – gab es früher den sozialen Kontext von direkter Nachbarschaft, so substituieren heutige NGOs soziale Austauschprozesse durch eine anonymisierte Internet-Community.[8]

---

7 In den USA erzielte die britische PR-Agentur Hill & Knowlton ihren Marktdurchbruch mit Wahlkampkampagnen für mehrere republikanische Präsidentschaftskandidaten. Aber auch John F. Kennedy und Bill Clinton haben sich von dieser Agentur beraten lassen. Inzwischen gilt Hill & Knowlton in Washington als die mächtigste Polit-Agentur (vgl. Trento 1992).

8 Indikativ und als zentrale ideologische Quelle für den gerade für die so genannten Transitionsländer in Osteuropa dauernd postulierten Zusammenhang zwischen Internet und Demokratie und der wichtigen Rolle, der in diesem Zusammenhang gerade den NGOs zukomme, gilt es hier auf eine wichtige Studie der Soros-Stiftung zu verweisen. Vgl. Open Society Institute (2001).

d. Ebene Militär-NGOs

Das Verhältnis von Militär zu NGOs ist enger als allgemein vermutet, haben sich doch die Auslandseinsätze im Katastrophenfall und/oder nach dem Ende kriegerischer Kampfhandlungen der rund 60.000 in der Datenbank der Union of International Associations (UIA) erfassten internationalen NGOs in den letzten Dekaden enorm erhöht. Bei diesen Auslandseinsätzen sind NGOs auf den Schutz von Militärs angewiesen. Im Kampf um Standorte, infrastrukturelle Ressourcen (Wasser, Elektrizität, usw.) und Zugänge zur Zielgruppe der miteinander um Aufmerksamkeit, Image, Spendengelder und öffentliche Zuschüsse konkurrierenden NGOs sind bei einem Auslandseinsatz Militärs die entscheidenden Verbündeten vor Ort, um das eigene Interesse gegenüber anderen NGOs durchzusetzen. »Schutz im Tausch gegen Gehorsam vor den Militärs« entspricht vor Ort dem notwendigen Überlebensinteresse vieler NGOs.

Über solche Kooperationen hinaus gehend sind den Verfassern namentlich NGOs bekannt, die nachrichtendienstlich relevante Informationen an das Militär oder an Nachrichtendienste aus solchen Kriegs- und Krisengebieten gegeben haben, in denen sie vor Ausbruch von Kriegshandlungen präsent waren. Namentlich sind außerdem NGOs bekannt, die im Sommer 1998 von Belgrad aus das Außenministerium in Bonn zu einem militärischen Eingriff in den Kosovo aufforderten.

Durchaus delikat und brisant ist auch die folgende Kooperation zwischen einer NGO und dem BND. Die in Bonn ansässige NGO Stiftung Sankt Barbara, in der der frühere Präsident des deutschen Bundesnachrichtendienstes und deutsche Außenminister Klaus Kinkel eine zentrale Rolle spielte, wurde in den 1980/90er Jahren großzügig aus Mitteln des Außenministeriums zur Minenräumung im Süden Afrikas bedacht. Bei ihren Operationen in Angola waren Agenten des BND in das dortige Team eingebaut, um die politische, militärische und wirtschaftliche Situation aufzuklären und Partnerdienstkontakte mit dortigen Sicherheitskräften aufzubauen. Genauso delikat ist die Unterstützung islamistischer Terroristen während des Bosnienkriegs durch eine saudische NGO mit dem Namen Saudi Relief Committee oder »Hilfeleistungen« in Form von Waffenlieferungen an bosnische Muslime durch die in Wien ansässige NGO Third World Relief Agency (TWRA). Koordinator dieser Waffenlieferungen über die TWRA war Hasan Čengić, TWRA-Vorstandsmitglied und Vizepremier von Bosnien-Herzegowina, und damaliger Waffenlieferant war Viktor Bout, Ex-Major der Sowjetarmee, ein »Händler des Todes«, der Rebellen in aller Welt, inklusive der afghanischen Taliban und der kolumbianischen FARC, mit Waffen versorgt hatte und der auf Druck der USA im März 2008 in Thailand verhaftet wurde. Wie fragwürdig der Begriff NGO vollends geworden ist, sieht man außerdem an der noch im Jahre 2004 zu verzeichnenden Unterstützung islamistischer Untergrundkämpfer in Bosnien-Herzegowina durch eine weitere NGO, die zu der in Sarajewo ansässigen iranischen Exportfirma Bedr Bosna Company gehört (Wiebes 2003, 180ff.; Schmidt-Eenboom 2005).

2. NGOs in den ex-jugoslawischen Kriegen

Die Tabellen 1a – 1c listen für die Teilsysteme Regierungen, Medien und Militär konkrete Kooperationsbeispiele mit verschiedenartigen NGOs auf.[9] Definitorisch sind bei diesen Tabellen zwei Sachverhalte abzuklären. 1. Da es keine trennscharfe Definition von NGOs gibt, liegt diesen Tabellen die weit gefasste Eigendefinition von NGOs als einer sozialen Organisation jenseits von Markt und Staat zugrunde. 2. »Krieg ist Frieden«: Diese Parole prangt an der Wand eines Ministeriums für Wahrheit und ausgerechnet ein Ministerium für Frieden befasst sich in George Orwells Roman »1984« mit dem Krieg. Wenn sich der seit dem Kosovo-Krieg im vorherrschenden Diskurs wiederum neu erlaubte »gerechte Krieg« heute »humanitäre Intervention« nennt, wenn Begriffe wie »Folter«, »Geheimgefängnisse« oder »internationales Recht« vom Hegemon USA anders als von fast allen anderen Staaten definiert werden (Geyer 2005) und wenn das formal erklärte Ende eines Krieges wie in Afghanistan oder im Irak faktisch überhaupt nichts mit dem Ende von militärischen Kampfhandlungen zu tun hat und wenn die Wissenschaft inzwischen den euphemistischen Ausdruck »langanhaltende Nachkriegssituation« (protracted crises) kreiert hat, dann gilt auch für diese Tabellen definitorisch das, was eine kritische Wissenschaft freilich schon immer wußte: Die Grenzen zwischen Krieg und Nicht-Krieg sind ausgesprochen fließend.

Bei den Kriegen und Bürgerkriegen in Ex-Jugoslawien sind sowohl interne als auch externe NGOs von immens großer Relevanz für die Herausbildung von öffentlichen Meinungen und Stimmungen gewesen.

In den innenpolitischen Auseinandersetzungen in Serbien spielte und spielt die NGO Otpor eine herausragende Rolle. Hervorgegangen aus einer Studentenbewegung gründete sich Otpor (= serbisches Wort für Widerstand) 1998 in Belgrad als Antwort auf von der Regierung Slobodan Milošević erlassene Universitäts- und Mediengesetze. Zu einer politischen Organisation entwickelte sich diese Bewegung, deren Markenzeichen eine schwarze geballte Faust als Parodie auf das gleichartige bolschewistische Symbol darstellt, erst nach dem Kosovokrieg von 1999. Als Grundlage für die Otpor-Version eines »gewaltlosen Widerstands« diente dieser Organisation Gene Sharps Buch »From Dictatorship to Democracy: A Conceptual Framework for Liberation« (1993), dessen Übersetzung, Veröffentlichung und Verbreitung in Serbien (5.000 Exemplare) durch Gelder der US-amerikanischen NGO Freedom House ermöglicht wurden. (Der konservative think tank Freedom House wird u.a. von der Soros Foundation, der Ford Foundation, der National Endowment for Democracy, der USAID und dem State Department finanziert).

---

9 Das vierte Teilsystem »Unternehmen« aus Grafik 4 taucht in den Tabellen 1a – 1c deswegen nicht auf, weil es oft bereits in den privatwirtschaftlichen Strukturen des Teilsystems »Medien« enthalten ist.

Tabelle 1a:
NGOs im Geflecht von Kriegspropaganda (Regierungen)

	Jahr	Partner	NGO/Zivilgesellschaft	Art der Kooperation
Regierungen	1999	UNICEF	Song-Gruppe »The Kelly Family« (Köln)	in Kooperation mit vielen Sponsoren (u.a. RTL, Magic Media) Produktion der CD »Die Kinder von Kosovo«
	2002	BMZ, BMFSFJ, AA, InWent, Dienste in Übersee = 44% des Budgets von medica mondiale	medica mondiale (Köln)	1992 von Monika Hauser gegründet, engagiert sich diese NGO für Frauen als Opfer sexualisierter Gewalt nach Kriegen, besonders in Bosnien; PR-Unterstützung von Jutta Limbach, Rita Süssmuth und Christian Schwarz-Schilling[10]
	2004	Außenministerium der US-Regierung (Washington)	Freedom House, National Democratic Institute, International Republican Institute und USAID (Washington)	Umsturz der Regierung Kutschma in der Ukraine mit einem Budget von 65 Mio. US-$ (2003 und 2004); u. a. Finanzierung der in der Ukraine tätigen serbischen NGO Otpor, der ukrainischen NGO Pora und Aufbau von Oppositionsmedien (Gala Radio, Ukrainska Prawda)

10 In Deutschland führte die Journalistin Alexandra Stiglmayer mit ihrem Artikel »Vergewaltigung als Waffe« in Heft 42/1992 des *Stern* die Massenvergewaltigungsdebatte in die deutsche Medienlandschaft ein. In dieser Debatte wurden Zahlen zwischen 20.000 und 60.000 Massenvergewaltigungen von muslimischen Frauen in serbischen Konzentrationslagern gehandelt. Obwohl solche Zahlen seit langem als Medienhysterie entlarvt werden konnten, dienen sie der 1992 gegründeten NGO medica mondiale nach wie vor als ideologische Existenzgrundlage. Vergewaltigung von Frauen im Krieg ist *eine* Dimension, eine ganz *andere* ist die ihrer Instrumentalisierung durch Politik, Medien oder eben auch NGOs. Vgl. aus affirmativer NGO-Sicht: Hauser, Monika (1998); Medica Mondiale (2004) und Stiglmayer (1993). Vgl. dagegen die von folgenden Frauen geschriebenen ideologie- und diskurskritischen Medienanalysen: Jäger (1996); Ragenfeld-Feldmann (1997); Klaus/Kassel (2003); Claßen (2004).

Tabelle 1b:
NGOs im Geflecht von Kriegspropaganda (Massenmedien)

	Jahr	Partner	NGO/Zivilgesellschaft	Art der Kooperation
Massenmedien	1990	PR-Firma Hill & Knowlton (New York)	Citizens for a Free Kuwait (CFK)	Gründung von CFK durch Hill & Knowlton im Auftrag der Regierung von Kuwait; Unterstützung dieser PR-Kampagne durch Amnesty International[11]
	1994	Verlage Robert Laffont (Paris), Penguin (London) und Lübbe (Bergisch Gladbach)	Veröffentlichung des Tagebuches »Ich bin ein Mädchen aus Sarajevo« des Mädchens Zlata Filipović; 1991 Erstveröffentlichung durch UNICEF	Pressekonferenz von Zlata Filipović in Bonn mit Rita Süssmuth und Angela Merkel; das Buch ist lange Zeit auf der Bestsellerliste des »Spiegel«; 1995 Treffen von Zlata Filipović mit Bill Clinton
	1996/97	Werbeagentur Saatchi & Saatchi (Belgrad)	Studentendemonstrationen gegen Milošević in Belgrad	Beratung der Anführer durch Saatchi & Saatchi zur kreativen Gestaltung der Demonstrationen
	2005	Internetfirmen Access Media (Los Angeles) und Ziff Davis Media (New York) unter Leitung von Jim Hake	Spirit of America (Los Angeles)	Unterstützung anti-syrischer Demonstrationen im Libanon

---

11 Das internationale Sekretariat von Amnesty International (AI) in London hatte in seinem Länderbericht Irak vom Dezember 1990 die von der PR-Agentur Hill & Knowlton gegen Honorar erfundene Geschichte von der Ermordung kuwaitischer Babies durch irakische Soldaten, die den Babies die Brutkästen weggenommen und sie dann auf dem Fußboden sich selbst überlassen hätten, als authentisch übernommen. Erst im folgenden Länderbericht Irak vom April 1991 distanzierte sich das Londoner Sekretariat von AI von diesen Anschuldigungen gegen irakische Soldaten. Die Brutkastengeschichte »hätte nicht aufrecht erhalten werden können«, ihre Grundlage seien »vage Berichte« gewesen und es habe keine »harten Beweise« gegeben (AI 1991). Die genauen Daten sind in diesem Zusammenhang wichtig: Genau zwischen Dezember 1990 und April 1991 begann der US-Krieg

Tabelle 1c:
NGOs im Geflecht von Kriegspropaganda (Militär)

	Jahr	Partner	NGO/Zivilgesellschaft	Art der Kooperation
Militär	1996	National Defence University (Washington)	United States Institute of Peace (Washington); 1999 Budgetmittel in Höhe von 12 Mio. US-$ vom US-Kongress	Konferenz über die Verbesserung der Kommunikationsbeziehungen zwischen Militärs und NGOs
	2003	Verteidigungsministerium der Republik Mazedonien, Geneva Centre for the Democratic Control of Armed Forces (DCAF) und Regierung der Schweiz	medienhilfe (Zürich)	Konferenz in Skopje zum Thema »Medien und Militär«
	2004	Bundesministerium der Verteidigung der BRD im Rahmen des ISAF-Mandats der NATO in Afghanistan	2.262 Projekte von NGOs in der Region Kunduz in Afghanistan	zivil-militärische Kooperation zwischen Deutscher Bundeswehr und NGOs

Schon bald entwickelte sich Otpor zu einem Kristallisationspunkt der serbischen Oppositionsbewegung, die schließlich im Jahr 2000 Milošević zum Sturz brachte. Dabei erhielt Otpor finanzielle, operative und logistische Unterstützung von verschiedenen Institutionen, die mit der US-Regierung verbunden sind bzw. von ihr finanziert werden (National Endowment for Democracy, United States Institute of Peace, USAID und das International Republican Institute). In Anwesenheit des

gegen den Irak wegen des Kuwait-Invasion. Und als sich der US-Senat am 12. Januar 1991 mit Mehrheit für einen Krieg gegen den Irak aussprach, sich mehrere US-Senatoren dabei auch auf die »Brutkastengeschichte« bezogen, konnten sich diese u.a. auch auf Amnesty International berufen.
Zwischen 2002 und 2004 richteten wir mehrere schriftliche Anfragen an AI in London, Washington und Berlin und baten um Beantwortung der folgenden drei Detailfragen.
1. Wann begann die Kooperation zwischen AI und Hill & Knowlton? 2. Wann genau endete sie und aus welchen Gründen? 3. Wie hat AI diese Kooperation nachträglich evaluiert und welche Vorsichtsmaßnahmen hat AI entwickelt, damit sich ein vergleichbarer Vorgang nicht wiederholen kann? Auf keine unserer Fragen erhielten wir eine Antwort.

Deutschen Bundestagspräsidenten verlieh die Friedrich Ebert-Stiftung ihren jährlich vergebenen Menschenrechtspreis 2001 an diese serbische NGO.

Otpors Erfolg machte die Bewegung nicht nur zu einem Vorbild für gleichartige politische Organisationen in anderen osteuropäischen Ländern, die das Ziel hatten bzw. haben, durch »gewaltlosen Widerstand« Regierungen zu stürzen (Kmara in Georgien, Pora in der Ukraine, Zubr in Weissrussland, KelKel in Kirgistan, Oborona in Russland usw.). Vielmehr wurden die Otpor-Führer und -Ideologen zu Trainern der osteuropäischen Revolutionsführer. So flog beispielsweise das Open Society Institute der Soros-Foundation im Jahr 2003 den georgischen Oppositionsführer Mikhail Saakashvili und einige seiner jüngeren Mitstreiter nach Serbien, wo diese von Otpor-Mitgliedern unterwiesen wurden (Kmara wurde finanziert vom Freedom House, dem National Democratic Institute, der EU, dem International Republican Institute, der National Endowment for Democracy, der OSZE, USAID und dem Europarat). Führende Aktivisten von Pora in der Ukraine erhielten ebenfalls Schulungen von Otpor. Heute bildet Otpor die Kernzelle eines ganzen Netzwerks von analogen Organisationen in Osteuropa.

Ohne an dieser Stelle allzu viele Theoriediskussionen zu führen, sei kurz das höchst Problematische an den Aktivitäten von Otpor festgehalten. 1. Der Souveränitätsvorbehalt und das Verbot der Einmischung in innere Angelegenheiten ist nicht nur nach wie vor gültiges Völkerrecht, diese Prinzipien sind als rechtliche Argumente auch deswegen hoch einzuschätzen, weil sie gerade von den USA für sich in Anspruch genommen werden. Genau in diesem Land ist eine Finanzierung von Parteien und Wahlkämpfen aus dem Ausland strikt verboten. 2. Es gibt keinerlei Bericht von dritter und unabhängiger Seite über die Finanzströme solcher NGOs wie Otpor oder Pora. 3. Vielerlei Erfahrungen sprechen dafür, daß der Wechsel von undemokratischen zu demokratischen Strukturen nur dann zu einem stabilen Systemwechsel führen kann, wenn die sozialen Kräfte, die diesen Wechsel erreichen wollen, endogener Natur sind. Besonders für den arabischen Raum läßt sich – empirisch gut abgesichert – nachweisen, daß die dort permanent von außen gesteuerten Demokratisierungsversuche dieser Länder endogen nur das Gegenteil bewirkt haben, nämlich Instabilität und soziale Unruhen (zur Ukraine Ash 2004 und Schuller 2005; zu Polen Strübin 1999; zu Osteuropa insgesamt Flottau u. a. 2005).

Kann man Otpor (noch sehr wohlwollend) als endogene NGO einordnen, so gilt das nicht für die vielen NGOs aus Europa und den USA, die seit Anfang der neunziger Jahre im Gebiet von Ex-Jugoslawien tätig wurden. Allein 463 humanitäre NGOs engagierten sich 1998 auf dem kleinen Territorium von Bosnien-Herzegowina, und in Serbien waren im Herbst 2005 nach Angaben der in Belgrad tätigen NGO Zentrum für die Entwicklung des *Non-Profit*-Sektors wenigstens 1.000 NGOs tätig.[12] Rechnet man solche Zahlen z.B. auf die Zahl der Einwohner um, kommt man durchaus in absurde Dimensionen. Für ausländische NGOs in

---

12 Das Internetportal »SEE Online« (www.southeasteurope.org) gibt einen ersten guten Überblick über NGOs in Südosteuropa. Es bietet auch eine NGO-Datenbank von NGOs in Ex-Jugoslawien an.

Ex-Jugoslawien und gerade für deren Medienprojekte gilt folgendes: Aus endogener Sicht entspricht dem Überangebot von NGOs das Interesse der lokalen Eliten nach einfacher, schneller, korrupter und räuberischer Rentenaneignung. Bei Abwesenheit von Marktwirtschaft sind Entwicklungshilfe- und NGO-Projekte in Ex-Jugoslawien zu wesentlichen Säulen einer Rentenökonomie geworden (Menzel 2003). Aus exogener Sicht erfüllen Balkanprojekte eine Stabilisierungsfunktion für NGOs. Deren »hilflose Helfer« (Schmidbauer 1992) brauchen zu ihrer Existenzberechtigung soviel Projekte in Ex-Jugoslawien wie möglich. »Donor driven« und von außen verursacht hat der Kosovo (ein Gebiet so klein wie das Saarland) die höchste Radiodichte pro Kopf der Bevölkerung in ganz Europa! En detail heißt das: 80 lokale und vier überregionale Radiostationen, 23 örtliche TV-Sender und drei TV-Sender, die landesweit zu sehen sind (und von denen allein die öffentlich-rechtliche Rundfunkanstalt Radio-Television-Kosovo 350 Mitarbeiter hat) (Miroschnikoff 2008, 42).

Auf dem Arbeitsgebiet »Medienhilfe« hat sich in Ex-Jugoslawien mit mehreren NGOs insbesondere die Schweiz hervor getan. Deren Aktivitäten sollen hier kritisch beleuchtet werden.

a. Fondation Hirondelle (FH)

1994 von Mitgliedern der NGO Reporter ohne Grenzen gegründet und der Christlichdemokratischen Volkspartei (CVP) der Schweiz nahestehend hat sich die NGO Fondation Hirondelle (FH) mit Sitz in Lausanne auf Medienprojekte in Nachkriegssituationen spezialisiert. Mit finanzieller Unterstützung des Departement für Entwicklungszusammenarbeit (DEZA) führte sie ihr erstes Projekt »Radio Agatashya« im Wert von 2,9 Mio. Schweizer Franken im Gebiet der Großen Seen in Afrika durch. »Agatashya« strahlte seine Sendungen in einem Flüchtlingslager von Bukawu im damals zairischen Grenzgebiet aus. Nach nur kurzer Laufzeit mußte die FH dieses Projekt 1997 wegen vielfältiger und bis heute ungeklärter Organisationskonflikte vor Ort als Projektruine abbrechen (Musy 1999; Deza 1999).

Schon bald nach dem Ende des Kosovo-Krieges wurde die FH mit dem Aufbau von Radio Blue Sky im Kosovo beauftragt. Von der DEZA mit einem Betrag in Höhe von 1,42 Mio. Schweizer Franken finanziert, kann bis heute nicht eindeutig recherchiert werden, wer genau für dieses Projekt initiativ war, die FH, die UNMIK oder die DEZA. Unklar ist bis heute auch, was genau der Projektinhalt des Vertrages zwischen der UNMIK und der DEZA war. Ging es ursprünglich um den Aufbau eines Radiosenders, wurde das Projekt aber zunächst nur als Radioproduktionsstudio realisiert, dies unter anderem deswegen, weil es erhebliche Konflikte zwischen dem UNMIK-Radio der FH, der in der Schweiz um dieselben Gelder bei der DEZA konkurrierenden Zürcher NGO Medienhilfe Ex-Jugoslawien (Brunner 2000) und der öffentlich-rechtlichen Rundfunkanstalt Radio-Television-Kosovo (RTK) der OSZE gab. Nach nicht einmal einem Jahr Eigenständigkeit wurde Radio Blue Sky in den von der OSZE favorisierten öffentlich-rechtlichen Sender RTK integriert und in dieser Form von der DEZA bis 2005 teilfinanziert. Innerhalb der Schweizer Öffentlichkeit wurde die Arbeit von Radio Blue Sky sehr kontrovers beurteilt. Die häufigsten Vorwürfe waren, daß dieses Radioprojekt an den kulturellen und sozialen Bedürfnissen der Menschen vor Ort vorbei ginge, daß es kaum Zuhörer habe und daß gerade die serbische Bevölkerung dieses Projekt trotz oder gerade wegen seiner multi-ethnischen Sendungen immer abgelehnt habe (Odehnal 2000).

In den ersten Jahren ihrer Existenz lebte die Fondation Hirondelle im wesentlichen von finanziellen Zuwendungen der DEZA, also der Schweizer Regierung. Wie intim die politischen Beziehungen zwischen der FH und der DEZA sind, mag man u.a. daran ablesen, daß mit J.-F. Giovanni der ehemalige stellvertretende Direktor der DEZA im Stiftungsrat der FH sitzt. Finanziell konnte sich die FH inzwischen von der Schweizer Regierung emanzipieren. Große Finanzbeträge kommen seit 2000 auch von den Regierungen der USA, der Niederlande, Schwedens, Großbritanniens, Japans, Kanadas, Norwegens, Deutschlands und der Staatlichen Agentur für die Frankophonie, der EU und des UNHCR. Im Jahresbericht 2003 der FH tauchen mit dem Nestlé-Konzern und der Swisscom erstmals privatwirtschaftliche Geldgeber auf. In diesem Geschäftsjahr verfügte FH über einen Haushalt von rd. 4,5 Mio. Schweizer Franken.

b. Medienhilfe Ex-Jugoslawien (mh)

1993 als Verein gegründet, war die NGO Medienhilfe Ex-Jugoslawien (mh) in Zürich (seit 2002 nur noch Medienhilfe) zunächst im vor-professionellen Raum ehrenamtlich mit Geldsammlungen für Medienprojekte im früheren Jugoslawien tätig. Seit dem Kriegsausbruch im Kosovo 1999 professionalisierte sich diese NGO mehr und mehr. Die mh wird vor allem von der politischen Abteilung IV (Menschliche Sicherheit) des Schweizer Außenministeriums finanziert. Gegenwärtig erhält sie jährlich einen Betrag von rd. 0,5 Mio. Schweizer Franken vom Außenministerium in Bern. Im Beirat der mh sitzen insgesamt 21 National- und Ständeräte aus der Schweiz. Das Haushaltsvolumen der mh lag 2003 bei rd. 1,5 Mio. Schweizer Franken. Für dieses Jahr tauchten als Finanziers der mh außerdem die Soros-Foundation, die National Endowment for Democracy (NED) und das Deutsche Außenministerium auf. Im folgenden Jahr ging die mh verstärkt auf Donatoren aus der privaten Wirtschaft zu.

Mit vielen Projekten ist die mh seit nun mehr als zehn Jahren in allen Ländern des Balkan präsent. In Ex-Jugoslawien hat die mh Medien aller Art unterstützt. In den Anfangsjahren waren es noch vermehrt Printmedien, später dann vor allem Radios und Fernsehstationen. Aufgrund zum Teil sehr intimer Länder- und Kulturkenntnisse hat die mh viele kleine sinnvolle Medienprojekte im Rahmen von »peacebuilding« und Demokratisierung unternommen. Realistisch und historisch und soziologisch zutreffend geht die mh auch davon aus, das der Kosovo nie eine multiethnische Gesellschaft war und insofern dort das Projektziel, ein multiethnisches Medium aufzubauen, nicht sinnvoll sei.

Mehr als kritisch gilt es bei der mh allerdings den Freiheitsbegriff zu hinterfragen. Die Züricher mh unterstützt grundsätzlich nur privatwirtschaftliche Medien, weil sie davon ausgeht, daß es nur bei dieser Organisationsform von Medien eine Freiheit von Zensur und Bevormundung geben könne. Ganz offensiv lehnt die mh öffentlich-rechtliche oder gar kommunale Organisationsformen für eine neue Medienlandschaft auf dem Balkan ab. Mit diesem restringierten Freiheitsverständnis einer »Freiheit *von*«, nie aber einer »Freiheit *für*« übernimmt die mh einen – so möchte man sagen – US-amerikanischen und neo-liberalen Freiheitsbegriff, wie er – nicht zufällig – zur politischen Philosophie von George Soros und seinen zahlreichen Medien- und Internetprojekten überall in Ost- und Südosteuropa passt (Soros 2001) und mit dessen Netzwerk sie kooperiert. Anders formuliert: Eine der Öffentlichkeit verpflichtete NGO mh leistet massiv einer Privatisierungsstrategie von Medien Vorschub und entfernt sich damit eigentlich von ihrem Selbstverständnis als NGO und gemeinnützigem Verein des öffentlichen Rechts.

Zusammenfassend bleibt für die Aktivitäten von FH und mh und die der Schweizer Regierung in Ex-Jugoslawien jenseits der Legitimitätsfrage eines von außen induzierten sozialen Wandels kritisch festzuhalten. 1. Trotz eines gegenteiligen ersten Anscheins ist bei beiden NGOs von außen keine Transparenz in deren Finanzströme zu erhalten. 2. Beide NGOs sind weder in ihren Selbstdarstellungen noch bei Kontaktaufnahme zu Selbstkritik fähig. 3. Keines der in Ex-Jugoslawien durchgeführten Medienprojekte wurde (obwohl größtenteils öffentlich finanziert) jemals von dritter Seite evaluiert.[13]

Wie zu zeigen versucht, gab und gibt die Tätigkeit der beiden Schweizer Medien-NGOs auf dem Balkan genügend Anlass zu vielen kritischen Fragezeichen.

---

13 Die Nicht-Evaluierung solcher von der öffentlichen Hand an NGOs vergebenen Medienprojekte scheint System zu haben. Ende 2002 erbaten wir vom Deutschen Außenministerium (AA) (Referat 602 – Medien und Kulturprogramme) eine komplette Übersicht über die von Deutschland organisierten Projekte zur Medienförderung im Balkan (Tisch 1 im Balkanstabilitätspakt). Weder erhielten wir diese Gesamtübersicht noch konnte oder wollte man uns eine Konzeptionsstudie für alle diese Projekte geben. Befragt nach Evaluierungen dieser Projekte in immerhin jährlicher Höhe von rd. 3 Mio. Euro, antwortete man uns, dass es Projektevaluierungen nicht gebe, dass auch der Bundesrechnungshof ein solches Fehlen schon bemängelt habe und ob wir nicht selber eine solche Evaluierung für das AA übernehmen könnten. Ende 2003 wurden schließlich einige dieser deutschen Projekte von Tisch 1 von einem externen Gutachter evaluiert. Allerdings verweigerte man uns auf erneute Nachfrage einen Einblick in dessen Gutachten.
Zum Vergleich: Als Evaluator von Medienprojekten einer deutschen politischen Stiftung kam Jörg Becker 1985 zu dem Ergebnis, dass nur 15% aller untersuchten Projekte die selbst angestrebten Ziele erreicht hatten. Eine (hausinterne) Evaluation aller Medienprojekte der UNHCR, die gerade bei Praktikern eine sehr gute Reputation für effektive und zugleich sozial und kulturell sensible Projekte hat, ergab für deren Projekte zwischen 1981 und 1986 eine Erfolgsrate von rd. 50%.

Solche Fragezeichen nehmen zu, geht man auf zwei weitere ausgesprochen fragwürdige Ereignisse der Schweizer Medienpolitik im Kosovo ein.

1. Per 1. Oktober 1999 übernahm Eric Lehmann, Präsident der Schweizerischen Radio- und Fernsehgesellschaft (SRG), das Amt eines Generaldirektors der öffentlich-rechtlichen Rundfunkanstalt Radio-Television-Kosovo (RTK). Gleichzeitig behielt er sein Amt als Präsident der SRG bei. Nach nur neun Monaten gab Lehmann sein Amt im Kosovo wieder auf. Während es in der Schweizer Öffentlichkeit rumorte, die Schweizer Regierung habe Lehmann wegen anderer Konflikte aus dem innenpolitischen Schussfeld genommen und ihn vorübergehend »im Ausland geparkt«, unterstellt ihm Richard Dill, dessen deutscher Vorgänger im Amt eines RTK-Generaldirektors, »Abenteuerlust« und bezweifelt, man könne parallel zueinander und verantwortungsvoll Direktor von zwei öffentlich-rechtlichen Rundfunkanstalten sein (Dill 2003, 149). Trotz Unkenntnis weiterer Details spricht die gesamte Angelegenheit nicht für eine professionelle Medienprojektpolitik.

2. Daß Mitte März 2004 im Kosovo Unruhen mit 33 pogromartigen Krawallen ausbrachen, 19 Menschen getötet und 900 Menschen verletzt wurden, daß mehr als 700 Häuser von Serben und Roma, daß 30 serbisch-orthodoxe Kirchen und zwei serbisch-orthodoxe Klöster zerstört wurden, hängt maßgeblich mit der verheerenden Rolle zusammen, die die öffentlich-rechtliche Rundfunkanstalt Radio-Television-Kosovo (RTK) bei diesen Konflikten spielte: Obwohl der Vorgang noch völlig unklar war, hatte RTK am Vorabend der Ausschreitungen die Meldung verbreitet, daß bei Caber drei albanische Kinder von Serben getötet worden seien. In seiner Untersuchung über die Berichterstattung über diese Ausschreitungen macht Robert Gillete, Temporary Media Commissioner im Kosovo, RTK den Vorwurf, die Berichterstattung sei »völlig falsch« und »feuergefährlich« gewesen und hätte eine »explosive Atmosphäre« und »patriotische Hysterie« hervorgerufen (Gillete 2004, 8ff.). Abgeschwächt im Ton kommt eine OSZE-Studie zum gleichen Thema dennoch zur selben Kritik an der RTK (Gashi 2004) wie die Studie von Robert Gillete. Und wichtig ist der Hinweis, daß RTK zum damaligen Zeitpunkt noch stark von der Schweiz finanziert und kontrolliert wurde.

3. »Die Nato als militärischer Arm von amnesty international«

Anläßlich des dreißigjährigen Bestehens der OSZE veranstaltete die NGO Helsinki Federation for Human Rights in der Wiener Hofburg am 9. September 2005 eine Konferenz. Einer ihrer führenden Vertreter sagte aus diesem Anlass mit großem Nachdruck: »We are the representatives of the civil society!« Das klang wie: »Wir sind das wahre Sprachrohr des Volkes!« Genau diese immer stärker um sich greifende Vermischung von interessegeleiteten NGOs mit einem unterstellten volonté général ist das erschreckende Ergebnis eines höchst ideologischen Neusprech der letzten dreißig bis vierzig Jahre. Weder bei der Frage nach einer äußeren Legitimation (etwa durch Wahlen), noch bei der nach einer inneren Legitimation (etwa durch Formen innerparteilicher Demokratie) schneiden NGOs besser als andere Gruppen ab. Bezüglich der finanziellen Transparenz bescheinigt eine Pressemeldung der alternativen Nachrichtenagentur IPS von 2003 den NGOs sogar, daß ihr Finanzgebaren undurchsichtiger als das von großen multinationalen Konzernen sei (IPS 2003).

Soziologisch gesprochen handelt es sich bei NGOs um völlig normale Lobbygruppen, vergleichbar einem Verband der Aluminiumproduzenten oder einem Zusammenschluß südfranzösischer Winzer. NGOs konkurrieren untereinander um Spenden und das in Deutschland um einen Spendenmarkt, der seit 1993 auf einem Niveau von rund 2,5 Mrd. Euro stagniert (Knaup 1996; Enste 2004, 75ff.; Priller/ Sommerfeld 2005; Polman 2005). Außerdem konkurrieren NGOs untereinander um öffentliche Aufmerksamkeit. Genau dieses aber sind die wesentlichen Gründe dafür, weshalb es ihrem Interesse entspricht, Katastrophen und Kriege zu verlängern. Je größer die von den Medien dargestellte Katastrophe (Krieg) erscheint, desto höher ist das Spendenaufkommen für die NGOs. (Man denke hier z.B. an die Sondersendungen »Helft den Opfern des Krieges« in der ARD während des Kosovokrieges oder während der Tsunami-Katastrophe Ende 2004/Anfang 2005.) Es besteht daher ein großes Interesse von NGOs daran, die Medienberichterstattung über Katastrophe/Krise oder einen Krieg »anzuheizen«. Rony Brauman, früher bei Ärzte ohne Grenzen in Frankreich, beschreibt diesen Mechanismus folgendermaßen: »Den Opfern eine ‚helfende Hand' reichen heißt, die mörderische Logik eines Systems zu akzeptieren, das ein paar Überlebende zurücklässt, wie um unseren Wertehunger zu stillen. […] Das Spektakel der Hilfe ist mittlerweile an die Stelle der Politik getreten, die punktuelle Linderung des Leidens ersetzt in unserer Fernsehgesellschaft den Kampf gegen das Böse« (Brauman 1995, 26f.). Sehr ähnlich und kritisch gewendet heißt es bei der NGO medico international: »Der Zynismus der Katastrophenhilfe besteht darin, daß nur Geld fließt, wenn es viele Tote gibt« (Schütz 2004/2005, 30).

Armin Stickler kommt in seiner umfangreichen und erfreulich kritischen Dissertation über NGOs zu folgenden Resultaten: Gegen ihr eigenes Selbstbild »lassen sich NGOs […] als Diffusionsagenten der ‚Rationalisierung der Welt' auffassen, die die kontingenzvernichtende Implementierung weltkultureller Prinzipien befördern. Sämtliche Unterstellungen an NGOs, sie seien am Abbau weltgesellschaftlicher Herrschaftsverhältnisse interessiert, greifen daher nicht nur ins Leere, das Gegenteil ist der Fall: NGOs sind maßgeblich daran beteiligt, durch die bewußte Akzeptanz und Reproduktion der globalen, kulturellen und diskursiven Ordnung weltgesellschaftliche Herrschaft zu verfestigen. […] Entgegen den *potentiell* systemsprengenden Möglichkeiten von sozialen Bewegungen sind NGOs in ihrer Gesamtheit maßgebliche Vermittler der universalistisch ideologischen Grundstruktur der Moderne« (Stickler 2005, 354f.).

Hatte Stickler in seiner Arbeit noch eine Diskussion über das Verhältnis von NGOs zu Krieg völlig ausgespart, so muß dessen kritische Einordnung von NGOs als wesentlichen Interessenten an der Aufrechterhaltung weltgesellschaftlicher Herrschaftsverhältnisse mit dem Material und den Argumenten dieses Kapitels um die ja nun keinesfalls irrelevante Dimension »Krieg« erweitert werden. Hätte die organisierte Friedensforschung auch nur ein kleines historisches kollektives Gedächtnis, dann dürfte sie über eine solche Schlußfolgerung alles andere als überrascht sein.

1967 veröffentlichte Johan Galtung seinen Aufsatz »After Camelot«. In dieser Arbeit kritisierte er das von der US-amerikanischen Regierung und der CIA unter Beteiligung von US-amerikanischen Sozialwissenschaftlern erarbeitete »Projekt Camelot«, das soziale Veränderungen in Lateinamerika so vorbereiten sollte, daß dort revolutionären und kommunistischen Bewegungen der Boden unter den Füßen weggezogen würde. Galtung kritisierte in seiner Arbeit vor allem die Rolle der Sozialwissenschaftler aus den USA, denen er wissenschaftlichen Kolonialismus vorwarf (Galtung 1979). Ersetzt man aus dem Kontext von »Projekt Camelot« den damals dort benutzten negativen Begriff »insurgent« mit dem heute gängigen Begriff »Terrorist« und/oder »Schurkenstaat« und hält diesem Negativbegriff das positiv besetzte Bild des Sozialingenieurs gegenüber, sei es damals der Sozialwissenschaftler, sei es heute die NGO, dann bleiben die grundsätzlichen Konflikte, um die es geht, die gleichen.

Qualitativ neu ist es freilich, daß NGOs seit dem Kosovo-Krieg dazu übergehen, bestimmte Formen kriegerischer Gewalt positiv zu werten. Hatten bereits wichtige Vertreter der Friedensforschung dem Völkerrechtsbruch der NATO im Kosovo zugestimmt (Senghaas 1999, 12), so berichtete im Herbst 2003 z.B. ein Editorial der deutschen Sektion von Amnesty International von folgender Diskussion: »Amnesty International hat [...] auf ihrer Internationalen Ratstagung in Mexiko beschlossen, zu prüfen, ob sie künftig die Anwendung militärischer Gewalt zur Verhinderung von massiven Menschenrechtsverletzungen im Einzelfall auch unterstützen will« (Müller 2003, 3). In enger Kooperation mit der bereits erwähnten Brüsseler NGO International Crisis Group befürwortet eine der weltweit größten und wichtigsten NGOs, nämlich Oxfam aus England, seit langem schon den Einsatz militärischer Gewalt. Zur Vorbereitung des Milleniums-Gipfels der UN im September 2005 formulierte Oxfam, daß bei »Völkermord oder vergleichbaren Gräueltaten« »die Staatengemeinschaft« »letztendlich auch unter Anwendung militärischer Gewalt« eingreifen können müsse (Oxfam 2005).

Weitsichtig hatte der Münchener Soziologe Ulrich Beck bereits während des Kosovo-Krieges geschrieben: »Die NATO handelt sozusagen als militärischer Arm von amnesty international: Vernunft soll herbei gebombt werden« (Beck 1999, 17). Man kann die Militarisierung der NGOs wie Beck einfach nur nüchtern-deskriptiv beschreiben. Man kann diese neue Allianz von Militär und NGOs aber mit guten Gründen auch kritisch werten, so wie es z.B. die kanadische Ethnologin Mariella Pandolfi tut. Was man freilich nicht länger kann, ist so zu tun, als gäbe es diese Allianz nicht. Pandolfi spricht aufgrund ihrer Untersuchungen über die Tätigkeit von NGOs in Albanien und dem Kosovo von einer »Menschenrechtsindustrie«, von »gemeinsamen militärisch-ökonomisch-humanitären Aktionen« und davon, daß »Militärstreitkräfte in Kooperation mit multi- und bi-lateralen Organisationen eine neuartige Form transnationaler Herrschaft« mit »herum vagabundierender Souveränität« entwickeln würden (Pandolfi 2000). Einen erheblichen Schritt weiter als Mariella Pandolfi gehen die beiden kanadischen Soziologen James Petras und Henry Veltmeyer in ihrer Analyse der Rolle von NGOs im gegenwärtigen Globalisierungsprozess. Sie sehen in den NGOs die wesentlichen Vertreter einer neuer Kompradorenbourgeoisie, die den imperialen Strategien von oben durch Akteure wie Weltbank und IMF mit institutionalisierten Basisaktivitäten von unten politisch zuarbeiten (Petras/Veltmeyer 2004, 128ff.).

VI. Kapitel: Schlussfolgerungen

1. Ethik und Journalismus

Zumindest aus europäischer, nicht unbedingt aus US-amerikanischer Sicht, unterliegt die Arbeit der Presse ethischen Regeln der Selbstbeschränkung. Für die Presse ist das in Deutschland der Pressekodex des Deutschen Presserates von 1973. Da die hier untersuchte und im Auftrag ex-jugoslawischer Regierungen hergestellte und bezahlte Kriegspropaganda US-amerikanischer PR-Agenturen zumindest über den Umweg der vier großen internationalen Nachrichtenagenturen (AP, UPI, AFP, Reuters) auch ihren Einzug in deutsche Massenmedien gefunden hat (ob und wie die US-amerikanischen PR-Agenturen über ihre Netzwerke in Deutschland gewirkt haben, ist nicht nachzuvollziehen), ist der deutsche Pressekodex durchaus als Beurteilungsmaßstab für ethisches Verhalten heranzuziehen. Gegen die im Pressekodex festgelegten Normen »wahrhaftige Unterrichtung der Öffentlichkeit«, »gebotene Sorgfaltspflicht«, Kenntlichkeitszwang für »unbestätigte Meldungen, Gerüchte und Vermutungen«, Zwang zur Richtigstellung von »Nachrichten und Behauptungen, die sich nachträglich als falsch« erwiesen haben, Verbot der Anwendung »unlauterer Methoden«, Abwehr von redaktionellen Veröffentlichungen, die »durch private oder geschäftliche Interessen Dritter beeinflusst« wurden, Veröffentlichung »unbegründeter Beschuldigungen«, Verletzung des »sittlichen oder religiösen Empfindens einer Personengruppe« und Vermeidung »präjudizierender Stellungnahmen« bei laufenden Gerichtsverfahren haben deutsche Medien in ihrer journalistischen Auseinandersetzung mit den Balkankriegen zwischen 1991 und heute eindeutig verstoßen.

Bereits in Friedenszeiten ist der Deutsche Presserat keine wirksame Institution der Selbstkontrolle, da das Schutzinteresse des Verbandes gegenüber dem Staat seit langem Oberhand gegenüber einer Kontrolle publizistischen Handelns gewonnen hat. Die Inkompetenz des Presserates gründet in dessen Mangel an Autonomie gegenüber den Akteuren, die er kontrollieren will, im strukturellen Widerspruch, daß Kontrolleure und Kontrollierte ein und denselben Verband beherrschen (Eisermann 1993). Bei publizistischer Korridor- und Tunnelbildung im Übergang von Friedens- zu Kriegszeiten potenziert sich der strukturelle Mangel an Selbstkontrolle der deutschen Medien. In Kriegszeiten sind die Verstöße gegen den eigenen Pressekodex grob und kontinuierlich. Über die ethischen Selbstverpflichtungen der deutschen Presse hinausgehend kennt das deutsche Strafrecht mit § 80a sogar den Tatbestand »Aufstacheln zum Angriffskrieg« »durch Verbreiten von Schriften«. Freilich bliebe es einer detaillierten presserechtlichen Analyse vorbehalten, zu untersuchen, ob und inwieweit deutsche Medien während der Balkankriege diese Vorschrift des deutschen Strafrechts verletzt haben (Branahl 1992).

2. Ethik und Public Relations

Ähnlich Verlegern und Journalisten haben auch PR-Agenturen Institutionen und Mechanismen zur Selbstkontrolle geschaffen, d. h. sie haben sich ethische Selbstverpflichtungen auferlegt. In den USA sind von solchen Selbstkontrollregeln immerhin 160.000 PR-Praktiker betroffen; für Deutschland geht man von 30.000 – 50.000 PR-Beratern aus. PR-Ethik wird auf europäischer Ebene durch den Code d'Athènes (1965) und den Code de Lisbonne (1978) geregelt, für die USA durch den Code of Ethics der Public Relations Society of America (PRSA) (2000). Für PR-Agenturen in Deutschland gelten verschiedene Richtlinien des Deutschen Rats für Public Relations (DRPR), deren Träger die Deutsche Public Relations Gesellschaft e.V. (DPRG) und die Gesellschaft Public Relations Agenturen e.V. (GPRA) sind.

Auch für eine ethische Diskussion über die Tätigkeit von PR-Agenturen, die während eines Krieges PR für kriegführende Regierungen betreiben, bietet sich eine Auseinandersetzung mit den allgemeinen ethischen Geboten aus dem PRSA-Kodex an, da zum einen unser Sample aus US-amerikanischen PR-Agenturen besteht und da zum anderen dieser Kodex nicht zwischen Kriegs- und Friedenszeiten unterscheidet. In der Präambel des PRSA-Kodex' fühlen sich US-amerikanische PR-Firmen den Prinzipien des »öffentlichen Interesses als Vertreter ihrer Auftraggeber« und »dem höchsten Standard von Genauigkeit und Wahrheit ihren Auftraggebern gegenüber« verpflichtet. Als Leitprinzipien gegenüber den Auftraggebern gelten »Unabhängigkeit« und »Objektivität«. Zusammenfassend heißt es in dieser Präambel: »Wir sind treu gegenüber unseren Auftraggebern, fühlen uns aber gleichzeitig dem Prinzip der Öffentlichkeit verpflichtet.« In den der Präambel folgenden sechs Abschnitten geht es um die folgenden ethische Grundsätze: 1. Freier Informationsfluss (akkurat, wahrhaftig, öffentliches Interesse, ehrlich, vorurteilsfrei, 2. Wettbewerb (gesund, fair, robust), 3. Offenheit (offene Kommunikation, wissend, demokratisch), 4. Vertrauen (angemessener Schutz, vertraulich, privat), 5. Interessenskonflikte (vermeiden), 6. Berufsbild (positiv stärken).

Die Analyse der Leistungen US-amerikanischer PR-Agenturen in den Balkankriegen hat gezeigt, daß die engagierten Firmen grob gegen die wichtigsten hier formulierten ethischen Prinzipien verstoßen haben.

Andrerseits bedarf es keiner großen wissenschaftlichen Anstrengung herauszuarbeiten, daß diese ethischen Richtlinien (genau wie ihre Pendants in Europa) philosophisch naiv, sozialwissenschaftlich nicht haltbar und insofern ideologischer Natur sind. Wenn Jochen Westerbarkey definiert, daß PR als »unbeobachtete Transformation von Selbstdarstellungen in Fremddarstellungen durch ‚parasitäre' Nutzung medialer Betriebssysteme samt ihrer objektiven Logik« (1995, 160) funktioniere, dann hieße es definitorisch in der Tat gut und böse zu verwechseln, wenn man ausgerechnet der PR unterstellen würde, sie könne sich an die ethischen Kriterien von akkurat, wahrhaftig, ehrlich, vorurteilsfrei, Offenheit, wissend und demokratisch halten. Es ist schon mehr als verwunderlich, wenn ein

»großes philosophisches Ringen« um den Wahrheits- und Wahrhaftigkeitsbegriff denn überhaupt mit PR in Bezug gesetzt wird.

Das sozialwissenschaftlich Fragwürdige an den genannten Ethikprinzipien gründet in der hinter diesen Prinzipien liegenden Vorstellung davon, daß PR nach dem Muster eines symmetrischen Dialogs funktioniere. Dies ist nachweislich falsch. Weder gibt es ein Gleichgewicht der Kommunikation zwischen Sender (PR-Agentur) und Empfänger (Leser eines PR-Artikels), noch gibt es dies zwischen der Größe »Auftraggeber für PR« und der Größe »Öffentlichkeit«. Zu behaupten, daß es einen Gleichklang zwischen den Interessen der Auftraggeber für PR und einer demokratischen Öffentlichkeit geben könne, ist mehrfach falsch.

Konstituiert sich das Verhältnis Auftraggeber und Auftragnehmer von PR entlang dem Warenprinzip, konstituieren sich demgegenüber Demokratie und Öffentlichkeit entlang den Prinzipien von politischer Partizipation und von politischer Wahl. Daß in Ethikrichtlinien von PR-Gesellschaften und in der wissenschaftlichen Beschäftigung mit PR so häufig von symmetrischen Modellen, Dialog, Vertrauen, Glaubwürdigkeit, Verständigung und Kommunikation als Konfliktlöser die Rede ist, hängt ganz wesentlich damit zusammen, daß der Faktor »gesellschaftliche Macht« in Kommunikationsprozessen ausgeblendet wird, daß PR- und Kommunikationswissenschaft allzu häufig geisteswissenschaftlich und idealistisch argumentieren, daß ihnen sozialwissenschaftliche Begriffe wie Interesse, Macht, Herrschaft oder Abhängigkeit theoretisch und methodisch nicht zugänglich sind.

PR definiert sich nach Elmar Kos als »zweckhaft teleologische Tätigkeit«, der das »Zweck-Mittel-Schema zugrunde« liege (1996, 116). Mit anderen Worten: Die Ethik-Diskussion der PR-Branche bewegt sich nach der Terminologie von Max Weber auf der Ebene der Verantwortungsethik, fragt also nach der Richtigkeit der absehbaren Folgen von Handeln, ist deswegen also ein recht bescheidener Ethikdiskurs, da ein Diskurs über Gesinnungsethik gar nicht erst stattfindet, eine Auseinandersetzung mit den Überzeugungen, die einem Handeln zugrunde liegen ausbleibt. Doch eine derartig simple Weber-Rezeption wird weder Weber noch einer fundierten Ethik-Diskussion gerecht.

Wie Christoph Türcke (1992, 81ff.) nachzeichnet, war sich Weber darüber im Klaren, daß Verantwortungsethik in der Politik mit dem Mittel der »Macht, hinter der Gewaltsamkeit steht« (Weber 1988, 550), arbeitet und daß man zur »Erreichung ,guter Zwecke' in zahlreichen Fällen daran gebunden ist, daß man sittlich bedenkliche oder mindestens gefährliche Mittel [...] in Kauf nimmt« (Weber 1988, 552). Mit Recht aber führt Türcke aus, daß Weber sich auch darüber im Klaren war, »daß auch dem besten politischen Zweck nicht die Kraft innewohnt, die Mittel zu seiner Durchsetzung zu heiligen, wohl aber den Mitteln die Kraft, ihren Zweck zu diskreditieren«. Wenn Weber aber weiter betont, daß die ganze moderne Gesellschaft ein »stählernes Gehäuse« sei, dann geht es um die Frage, wie dieses Gehäuse aufzubrechen sei, nicht aber um ein spitzfindiges Abwägen zwischen Mitteln und Zwecken. Zu meinen, nur der, der auf seinen Zielen beharre, sei Fanatiker und Phantast, betreibt nach Weber politische Denunziation, denn dieser Vorwurf träfe auch auf den Verantwortungsethiker zu, da auch dessen Handeln nicht wertfrei sei.

Vor und während eines Krieges muß PR lügen, sie kann gar nicht anders: Auf die Frage, ob er während des Kosovokrieges in seiner Pressearbeit gelogen habe, antwortete der NATO-Sprecher Jamie Shea: »Das eigentliche Problem war nicht, daß man lügen mußte, sondern daß man nicht alles sagen konnte« (Shea 2001). Und in einem Vortrag über Ethik und Journalismus sagte Shea: In meiner alltäglichen Arbeit »müssen Spin-Doktoren und PR-Spezialisten die ersten und die letzten sein« (Shea 2002). Für eine Ethik-Diskussion über PR ergibt sich aus solchen Überlegungen, daß die von PR-Firmen gegen Bezahlung systematisch erarbeiteten Lügen über einen Krieg (Mittel) per definitionem nicht zu Frieden (Zweck) führen können. Die Qualität der Zweck-Mittel-Relation betrifft sowohl die Zwecke als auch die Mittel. In der Sprache der Friedensforschung heißt das: Si vis pacem, para pacem – Wenn du den Frieden willst, so »rüste« zum Frieden. Noch einmal anders formuliert: Insbesondere im Kriegsfall, aber ganz generell, gilt, daß die Verantwortungsethik der PR-Branche zum guten Gewissen von sowohl ihrer Warenlogik als auch ihrem politischen Opportunismus verkommen ist, verkommen muß.

In diesem Sinne ist es durchaus bezeichnend, daß die deutsche PR-Branche auf die Balkaninformationskampagnen der Hunzinger Information AG überhaupt nicht reagierte. Als Reaktion auf die »Affäre Scharping« fiel dem Deutschen Rat für Public Relations (DRPR) lediglich ein, Moritz Hunzinger schlechtes Benehmen vorzuwerfen, also kommunikatives Fehlverhalten gegenüber der Öffentlichkeit und Schädigung des Ansehens des Berufsstandes (Ahrens/Knödler-Bunte 2003; Avenarius 2003), was Hunzinger als »pharisäerhaften institutionellen Konkurrenzneid« abtat. Schließlich wurde ihm noch 2004, also zwei Jahre später, von der Deutschen Gesellschaft für Public Relations (DPRG) für sein 25-jähriges Verbandsjubiläum die Silberne Ehrennadel verliehen.

3. *Der Militärisch-Industriell-Kommunikative Komplex (MIKK)*

Begriff und Konzept eines militärisch-industriellen Komplexes (MIK) wurden 1956 durch den US-amerikanischen Soziologen Charles Wright Mills geprägt. Symptome eines schwer durchschaubaren Interessensgeflechtes von Wirtschaft, Militär und Teilen des Staatsapparates sind Konzentrationstendenzen in der Rüstungsindustrie, personeller Austausch zwischen den entsprechenden Eliten, intensive Technologie- und Forschungspolitik in Bezug auf neue Waffensysteme sowie politisch-ideologische Lobbyarbeit zur Legitimierung neuer Kriege. Staatliche Rüstungsaufträge erhalten im MIK die Funktion, die gesamte Volkswirtschaft zu stimulieren. Diese Stimulierung wiederum beschleunigt den Konzentrationsprozeß der Rüstungsindustrie und hebelt marktwirtschaftliche Prozesse aus. Paradigmatisch in diesem Sinne ist die Rede des früheren US-amerikanischen Staatssekretärs der Armee, Wilber Marion Brucker vor der American Bankers' Association 1957:

»Falls es eine direkte Verbindung zwischen dem Stimulus großer Verteidigungsausgaben und einem substantiellen Wachstum des Bruttosozialproduktes gibt – und in der Tat glaube ich das – dann folgt daraus ganz simpel, daß man zu Verteidigungsausgaben *per se* schon aus rein ökonomischen Gründen ermuntern sollte, sozusagen zur Stimulierung des nationalen Stoffwechsels« (zit. nach Lewin 1967, 37).

In der Forschungsliteratur über den MIK kann man drei politische Positionen unterscheiden. Konservative Wissenschaftler begrüßen die Existenz eines MIK, da er Synergieeffekte herstelle, liberale Wissenschaftler beschränken sich zumeist auf empirische Arbeiten, während der MIK für Neo-Marxisten eine wesentliche Funktion für Theorien des Übergangs vom Monopol- zum staatsmonopolistischen Kapitalismus ausübt. Spannend bleibt freilich, daß sich alle drei Denkschulen auf ähnliche empirische Arbeiten stützen, daß sie sich darin einig sind, daß es in den USA einen hohen personellen Austausch zwischen Militär, Politik und Rüstungsindustrie gibt, daß das Pentagon der Militärs einen Informations- und Aktionsvorsprung gegenüber der Politik hat, daß Rüstungsaufträge eher nach politischen und weniger nach Kompetenzkriterien vergeben werden, daß Rüstungsfirmen (künstliche) Nachfrage kreieren und aus betriebswirtschaftlichem Eigeninteresse heraus neu schaffen und daß schließlich der US-Kongreß solchen Mechanismen gegenüber (fast) hilflos ausgeliefert ist.

Die hier präsentierten Fakten und Daten über die Tätigkeit US-amerikanischer PR-Firmen während der Balkankriege passen zum Theorem des oben kurz skizzierten MIK. 1. Auch sie verweisen auf einen sehr dichten personellen Austausch zwischen dem Militär, der Politik und (in diesem Fall) der PR-Industrie. 2. Auf empirischer Ebene wiederholen die hier präsentierten Fakten und Daten für die Sparte PR-Industrie genau das, was frühere Analysen für die Rüstungsindustrie ergaben. Sie bestätigen damit auch eine schon alte Forderung der beiden kritischen US-amerikanischen Kommunikationsforscher Dallas W. Smythe (1994) und Herbert I. Schiller (1970), die von ihrer akademischen Ausbildung her Ökonomen waren, nämlich die, daß im Zeitalter der Informationsgesellschaft das Theorem des MIK notwendigerweise um das K von Kommunikation zu erweitern sei. 3. Dieses K für Kommunikation manifestiert sich nicht nur in einem K für die PR-Industrie, sondern auch in der betriebswirtschaftlichen und Kompetenzrelevanz von Telekommunikation, EDV, Internet, Informationstechnologien und Satellitenkommunikation von PMFs für die Strategien eines Informationskrieges.

Einem MIK-Theorem werden oft zwei methodische Mängel vorgehalten, nämlich es sei an Eliten und Akteuren und nicht an Strukturen orientiert. Dem kann und muß hier nur kurz entgegen gehalten werden, daß gerade in der Theorie der Internationalen Beziehungen immer mehr die Gefahr besteht, das politisch handelnde Subjekt (sei es als »Täter«, sei es als »Opfer«) aus den Augen zu verlieren, und daß angesichts der industriellen, korporativen und systematischen Organisation von PR-Firmen ein Elite orientierter Ansatz das Machtphänomen PR sehr viel realitätsadäquater beschreibt als beispielsweise ein uses-and-gratification-Ansatz aus der Kommunikationsforschung oder ein diskursanalytischer Ansatz aus den cultural studies.

4. Agenda Setting

In der Kommunikationsforschung gibt es eine Vielfalt von Wirkungsansätzen (z.B. Reiz-Reaktions-Modell, Zweistufenfluß der Kommunikation oder Konzept der Schweigespirale). Sie unterscheiden sich nach verschiedenen Merkmalen, z.B. nach dem Typ des Rezipienten, der Qualität der Wirkung oder der Qualität des gesellschaftlichen und politischen Umfeldes. Der agenda setting-Ansatz ist einerseits eine Abkehr vom simplen Reiz-Reaktions-Modell, ist andererseits aber ein klassischer Wirkungsansatz, zwar nicht im Bereich emotionaler Attitüden, aber im Bereich kognitiver Effekte. Medien strukturieren nach diesem Ansatz weniger das, was die Menschen denken, sondern eher, worüber sie denken. Ist Aufmerksamkeit eine der knappsten Ressourcen, dann kommt Medien die gesellschaftspolitisch höchst bedeutsame Funktion zu, Wissen und Problembewusstsein gegenüber den täglichen berichteten Ereignissen, Personen, öffentlichen Themen und Fragestellungen strukturieren zu helfen. Diese Funktionalität gilt vor allem bei der Auslandsberichterstattung, da die meisten Medienrezipienten gerade diesen Bereich mit keinerlei Primärerfahrung konfrontieren können, die Sekundär-, also die Medienerfahrung als Normalzustand in differenzierten Gesellschaften anzusehen ist. Noch pointierter als bei der Auslandsberichterstattung gilt die Frage nach einem Korrektiv medialer Rezeption durch persönliche Erfahrungen beim Problem der Kriegsberichterstattung über Kriege im Ausland. Bedenkt man außerdem die in der gegenwärtigen Informationsgesellschaft immer größer werdende so genannte Informationsflut, dann kommt gerade strukturierten, geplanten und vor-selektierten Thematisierungen und Themenangeboten in den Medien eine immer größere Rolle zu.

Agenda setting, also Thematisierungen in den Medien »sind nicht als Spiegelung der Publikumsmentalität aufzufassen, sondern sie gehen den Veränderungen beim Publikum zeitlich voraus, sie beeinflussen, kontrollieren, strukturieren, kanalisieren das Weltbild der Rezipienten. [...] bei der Reflexionshypothese wird das Publikum, bei der Kontrollhypothese dagegen werden die Aussagen der Massenkommunikation als dominierend und den anderen Faktor determinierend angesehen« (Maletzke 1978, 68f). Bei allen Ansätzen der Wirkungsforschung, also auch im Bereich des agenda setting-Ansatzes, ist ein Nachweis von Kausalität schwierig. Daß eine Thematisierung in den Medien der Thematisierung in den Köpfen der Rezipienten zeitlich vorausgeht, ist eben nur eine notwendige, aber keine hinreichende Bedingung für Kausalität. Ein valider Kausalitätsnachweis wäre nur in einem aufwendigen Vergleich von inhaltsanalytischen mit Umfragedaten zu erbringen.

Ohne einen solchen strengen empirischen Kausalnachweis zu führen (führen zu können), gehen wir dennoch von der plausiblen Annahme aus, daß die hier von uns untersuchten US-amerikanischen PR-Firmen während der verschiedenen Balkaninformationskriege ein erfolgreiches agenda setting betrieben haben. Und das aus folgenden Gründen:

- Kernbegriffe oder sogenannte frames wie »Genozid«, »Flucht«, »Massaker«, »Vertreibung«, »Holocaust« und weitere NS- und Hitler-Analogien finden sich weltweit und homogen in vielen sehr unterschiedlichen massenmedialen Angeboten.
- Ein Markt miteinander konkurrierender privatwirtschaftlich verfasster PR-Agenturen reguliert dessen Angebot und Nachfrage. Funktioniert dieser Markt, dann wird er die PR-Agenturen mit stets neuen agenda setting-Aufträgen für Kriegspropaganda belohnen, die bereits bei früheren Aufträgen effektiv und erfolgreich gewirkt haben. Effektivität kann selbstverständlich (firmenintern) gemessen werden, liegt Außenstehenden in Form schriftlicher Berichte aber nur in seltenen Fällen vor.
- Vereinzelte Aussagen betroffener Akteure, die Kriegspropaganda betreiben (wie z.B. James Harff von der Agentur Ruder Finn oder der frühere NATO-Sprecher Jamie Shea), aber auch jener, die sich als Opfer dieser Propaganda sehen (wie z.B. die UNPROFOR-Militärs in Bosnien; vgl. Boyd 1995, Sray 1995, Nambiar 1999, Rose 1998 u.a.) belegen, daß ihre Medienarbeit erfolgreich war (zumindest aus der Selbstwahrnehmung der Akteure).
- Historische Analogien (wie z.B. die PR-Arbeit während des Biafra-Krieges) können ex-post die Wirksamkeit eines agenda setting-Ansatzes belegen.

Ein politisch-kommunikativer, also auch ein kausaler Erfolg des agenda setting-Ansatzes gilt außerdem aber deswegen als sehr wahrscheinlich, weil sich gerade während der Balkaninformationskriege die Beispiele mehren, bei denen PR-Aktiviäten in Kombination oder doch zumindest in zeitlicher Parallele mit der Aktivität sozialer Bewegungen zu beobachten sind. Wirkungstheoretisch gesprochen wäre dann von einer Kombination von agenda setting-Ansatz und Zwei-Stufenfluß der Kommunikation auszugehen.

- Bereits für den Biafra-Krieg konstatierte Zieger (1970), daß der Medienerfolg der PR-Firma Markpress aus Genf vor allem auch vor dem Hintergrund der Basisaktivitäten von katholischen Kirchengruppen und politischen Biafra-Komitees zu sehen sei.
- Wissenschaftlich gut dokumentiert ist inzwischen die Kooperation der PR-Agentur Hill & Knowlton mit einer so genannten NGO, nämlich der Gruppe »Citizens for a Free Kuwait«, hinter der sich einflußreiche Geschäftsleute aus Kuwait verbargen, die sich 1991 im US-Kongreß erfolgreich für eine US-Intervention im Irak einsetzten. Unklar ist bislang, wie es dieser Koalition obendrein gelingen konnte, zeitweise eine »echte« NGO für sich einzuspannen, nämlich die US-amerikanische Sektion von Amnesty International.

- Für Serbien ist die aktive Beratung der Protestdemonstrationen gegen den jugoslawischen Präsidenten Slobodan Milošević durch einen ehemaligen Mitarbeiter der englischen PR-Firma Saatchi & Saatchi belegt. Auch die US-amerikanische Soros-Foundation ebenso wie die PILPG und andere US-amerikanische NGOs rühmen sich einer Beteiligung an diesen Demonstrationen in Belgrad durch die Finanzierung speziell der NGO Otpor und der serbischen Opposition überhaupt. Außerdem spielen genau diese Demonstrationen eine Rolle bei der Politikberatung des serbischen Politikers Djindjić durch den deutschen PR-Experten Moritz Hunzinger.
- Wiederum war es die Soros-Foundation, die im Winter 2003 die politischen Demonstrationen gegen den georgischen Präsidenten Schewardnaze erfolgreich organisierte und finanzierte und dabei Otpor-Mitglieder für Schulungen engagierte.
- Es war gerade die unfreiwillig-freiwillige Unterstützung der agenda setting-Vorgaben von PR-Firmen durch zahlreiche westliche NGOs, die maßgeblich zum politisch-kommunikativen Erfolg der PR beigetragen haben: »embedded NGOs«.

5. *Privatisierung von Kommunikation*

Im Mittelpunkt von Jürgen Habermas' 1962 vorgelegten Theorie eines »Strukturwandels der Öffentlichkeit« steht eine Auseinandersetzung mit der politischen Funktion von Public Relations. Kritische Sozialwissenschaft kann hinter den Stand dieser Erkenntnisse von Habermas nicht zurückfallen. Die wichtigsten Argumente und Bezugspunkte von Habermas seien hier memoriert:
- Massenmedien dienen der Affirmation und der Herrschaftsstabilisierung.
- Herrschaftsrelevante Kommunikation findet unter Ausschluss des Publikums statt.
- In öffentlicher Kommunikation dient das Publikum dem Zweck der Akklamation.
- Publizität entfaltet sich von oben.
- Kritische wird durch manipulative Publizität verdrängt.
- Öffentlichkeit wird zur Werbung.
- PR erschafft planmäßig Neuigkeiten.
- PR kaschiert geschäftliche Interessen mit Appellen an das vermeintlich öffentliche Wohl.
- PR verleiht ihrem Objekt die Autorität eines Gegenstandes öffentlichen Interesses.

Habermas resümiert: »Dem im Zeichen eines fingierten public interest durch raffinierte opinion-molding services erzeugten Konsensus fehlen Kriterien des Räsonablen überhaupt. Die verständige Kritik an öffentlich diskutierten Sachverhalten weicht einer stimmungshaften Konformität mit öffentlich präsentierten Personen oder Personifikationen: consent fällt mit dem good will zusammen, den publicity hervorruft. Publizität hieß einst die Entblößung politischer Herrschaft vor dem öffentlichen Räsonnement; publicity summiert die Reaktionen eines unverbindlichen Wohlwollens. Die bürgerliche Öffentlichkeit nimmt im Masse ihrer Gestaltung durch public relations wieder [!] feudale Züge an« (1971, 233).

Habermas' entscheidendes Resümee heißt: Das privatwirtschaftlich gestaltete und einem Markt überlassene Auftragsverhältnis zwischen Staat und PR-Agenturen führt zu einer »Re-Feudalisierung von Öffentlichkeit«. Nicht mehr und nicht weniger. Kritische Intellektuelle in Deutschland stimmen dieser Analyse auch dreißig Jahre nach der Erstveröffentlichung von Habermas' epochalem Werk noch immer zu. So warnte beispielsweise der »Bericht zur Lage des Fernsehens für den Präsidenten der Bundesrepublik Deutschland Richard von Weizsäcker« vor »einer Rückkehr [!] der höfischen Öffentlichkeit« (1994, 13). Dieser Einzelbefund ist Teil einer eigenständigen und umfangreichen kritischen Kommunikationsforschung seit den Tagen von Habermas' »Strukturwandel der Öffentlichkeit« und könnte mühelos durch zahlreiche theoretische und empirische Studien angereichert werden.

Mag der entpolitisierte Hofnarr in der gegenwärtigen Unterhaltungsindustrie (Dieter Bohlen u.a.) noch eine eher harmlose Nebenerscheinung feudaler Öffentlichkeit sein (aber eine solche Analyse griffe zu kurz), so ist ein durch PR-Agenturen vermitteltes und von ihren Geschäftsinteressen gelenktes Deutungsmonopol von dem, was Krieg und dem, was Frieden ist, tödlich für all das, was sich auch nur ansatzweise noch demokratisch nennen mag.

Mit Art. 26 GG wird »das friedliche Zusammenleben der Völker« zur Staatszielbestimmung der deutschen Verfassung, das Führen eines »Angriffskrieges« gilt als verfassungswidrig und nach Carlo Schmids Auffassung im Parlamentarischen Rat war sogar »Krieg«, nicht nur »Angriffskrieg«, verfassungswidrig.

In seinem Grundgesetzkommentar kommentiert der Staatsrechtler Wolfgang Abendroth diese Staatszielbestimmung des deutschen Grundgesetzes mit folgenden Worten: »Angriffskriege [...] sind verboten. ‚Vorwärtsverteidigung' vor Beginn von Kampfhandlungen durch einen Gegner bleibt deshalb verfassungswidrig. Selbst ihre Vorbereitung ist nach dem Willen des Grundgesetzes wie jede andere auf Störung des friedlichen Zusammenlebens der Völker gerichtete Handlung unter Strafe zu stellen. [...] Die Teilnahme von Bundesbürgern an militärischen Kampfhandlungen, die nicht als bloße Verteidigung eindeutig erkennbar sind, ist demnach Verfassungsverrat, auch wenn ihre strafrechtliche Verfolgung (noch) nicht möglich ist. Es ist kaum zu bezweifeln, daß die Förderung von Kriegshandlungen (wo und wessen auch immer), zu der die Bundesrepublik nicht unter dem Gesichtspunkt der Selbstverteidigung oder der aus einer durch völkerrechtliche Vertragslage (nämlich durch die NATO-Verträge), die sie zur Teilnahme an einer Kollektiv-Verteidigung verpflichtet, gebotenen fiktiven Selbstverteidigung (wobei die verfassungsrechtliche Zulässigkeit dieser Fiktion allerdings zweifelhaft bleibt) berechtigt ist, gegen diese Norm verstößt« (Abendroth 1976, 61f).

Dieter Lutz und Volker Rittberger gehen in Würdigung dieser Staatszielbestimmung des deutschen Grundgesetzes in Art. 26 GG insofern über Wolfgang Abendroth hinaus, als sie für das Grundgesetz von einem positiven Friedensbegriff ausgehen, also Ziele vorgeben, die Parallelen zu innerstaatlichen Verfassungswerten aufweisen, z.B. Emanzipation des Individuums, Freiheit, Gerechtigkeit und Überwindung von Ausbeutung anstreben (Lutz/Rittberger 1976, 85 und 106ff.).

Vermittelt über eine parlamentarische Demokratie ist nach Art. 20 (2) GG das Volk der staatliche Souverän. Dessen grundgesetzlich verbriefte Staatszielbestimmung sowohl eines negativen als auch eines positiven Friedens kann in keinem Fall – will man denn weiter an den Ansprüchen eines autonomen Individuums (Art. 1 GG) und an transparenten Meinungsbildungsprozessen (Art. 5 GG) als den beiden wichtigsten Vorraussetzungen für Demokratie festhalten – dem Gestaltungswillen privatwirtschaftlich agierender PR-Firmen unterworfen werden.

Grafik 6:
Die Privatisierung des Krieges

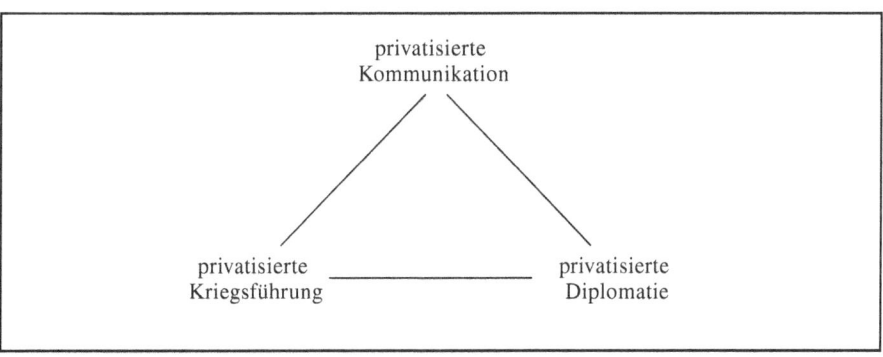

Spannenderweise – und das zeigt unser Bericht hier nur ansatzweise – gibt es außer der Privatisierung der Berichterstattung über den Krieg noch zwei weitere Bereiche der modernen Kriegsführung, die der Staat inzwischen privater, d.h. oft auch feudaler, Verfügung zuführt. Da gibt es also neben der Privatisierung von früher öffentlicher Kriegskommunikation durch private PR-Agenturen zweitens das staatliche Gewaltmonopol, das feudalisiert wird. Vorbei an parlamentarischen Zustimmungspflichten und Budget-Genehmigungen für einen staatlichen Verteidigungshaushalt externalisiert der Staat seine Kriegsführung an PMFs. Drittens schließlich vollzieht sich in dem Bereich eine Privatisierungs- und Outsourcing-Strategie, der früher die ureigenste Domäne staatlicher Politik war, nämlich in der

Diplomatie. Lobbying in den Zentren einer fremden Macht, Formulierung von politischen Programmen und internationalen Resolutionen, internationale Vertragsverhandlungen über Krieg und Frieden hinter geschlossenen Türen – all das wird nun ebenfalls auf einer marktfähigen Ebene von Angebot und Nachfrage ge- und verkauft. Das privatisierte Dreieck von 1. privatisierter Kriegskommunikation, 2. privatisierter Kriegsaustragung und 3. privatisierter Diplomatie wird die Zukunft von Krieg und Frieden entscheidend verändern.

In seiner Sammlung politischer Essays schreibt Zygmunt Bauman über die flüchtige Moderne: »Der Krieg ist heute die Fortsetzung des globalen Freihandels mit anderen Mitteln« (Bauman 2003, 19). Wird der Krieg freilich privatisiert, verschwimmen sowohl die Grenzen zwischen Handel und Krieg als auch die zwischen Mitteln und Zielen.

Tabellarischer Anhang

- Die FARA-Tabellen gehorchen folgender Abfolge:
  - Kroatien
  - Kosovo-Albaner
  - Bosnien-Herzegowina
  - Slowenien
  - Montenegro
  - serbische Seite
  - Mazedonien.

- Die Angaben sind den Originalfassungen der FARA-Registrierungsformulare und ihren Attachments entnommen und sind teilweise zusammengefasst, aber unkommentiert.
- Das jeweils angeführte Datum kennzeichnet das Ende eines halbjährlichen Berichtszeitraums; die inhaltlichen Angaben über Aktivitäten beziehen sich also auf den Zeitraum bis zu sechs Monate vor dem angeführten Datum.
- Die Angaben über Honorarkosten sind in den Dokumenten oft nicht enthalten. Dabei ist es unklar, ob die Honorare »verschwiegen« wurden oder ob die Dienstleistungen tatsächlich kostenlos waren (außer bei Angaben »0 $«).
- Es ist ebenfalls unklar, ob fehlende Angaben über Aktivitäten tatsächlich bedeuten, daß es keine Aktivitäten gab.
- Die Grauschattierung aller vier Spalten der Tabellen bedeutet, daß sich der jeweilige Kunde in diesem Zeitraum als Kriegspartei im Krieg befand.
- Die Grauschattierung der dritten Spalte bedeutet, daß in diesem Zeitraum Kriegshandlungen in Ex-Jugoslawien stattfanden, an denen der Kunde nicht direkt beteiligt war.

Erläuterung zur Hunzinger-Tabelle:

- Die Angaben in der Tabelle über die Serbien-Informationskampagne der Hunzinger Information AG entstammen einem mehrstufigen Recherche- und Kommunikationsprozess. Die Anfangsdaten stammen aus öffentlich zugänglichem Zeitungsmaterial, das systematisch gesammelt und danach in intensiver Kommunikation mit diesem Unternehmen abgeglichen, korrigiert und ergänzt wurde. Die hier vorgelegte Version wurde von Moritz Hunzinger persönlich autorisiert.

Tab. I:
Aktivitäten US-amerikanischer Public Relations-Agenturen für Kroatien (1991-2002)

Kunde	Agentur	Vertrag + Honorarkosten	(Politische) Aktivitäten lt. Vertrag
Republik Kroatien, Washingtoner Büro	Ruder Finn	30. November 1991 Reg. Nr. 4315 $ 46.000	• Briefings von zahlreichen Kongressabgeordneten und deren Mitarbeitern (Kasten, Goodling, Gilman, Kolbe, Broomfield, Lantos, Hamilton, Kennedy, Paxon, Molinari etc.) • Organisation von Pressekonferenzen und Interviews mit Washingtoner Medien • Briefings und Treffen mit Vertretern der Bush-Administration, einschließlich Vertretern des State Department, wie Larry Eagleburger, Michael Habib and Ralph Johnson, sowie Vertretern des Nationalen Sicherheitsrats (Brent Scowcroft und Jane Holl)
Regierung der Republik Kroatien	Ruder Finn	30. Mai 1992 Reg. Nr. 4315 $ 104.189	• Entwicklung einer PR-Strategie und Zusammenstellung von Hintergrundinformationen zu Kroatien für Briefings im Kongress, in der US-Administration und in den Medien • Organisation von Pressekonferenzen und Interviews mit Washingtoner Medien, um ein positives Image Kroatiens zu erzielen • Briefings von zahlreichen Kongressabgeordneten und deren Mitarbeitern (Dole, D'Amato, Gore, Kasten, Goodling, Gilman, Kolbe, Broomfield, Lantos, Hamilton, Kennedy, Paxon, Sensenbrenner, Molinari etc.) • Organisation von Reisen Kongressabgeordneter nach Kroatien zur Besichtigung von Kriegsschäden (Januar: Susan Molinari und John Miller; Februar: Sensenbrenner), um die Anerkennung Kroatiens durch die USA zu erwirken und US-Hilfsgelder zu bekommen • Organisation von Treffen des Kunden mit versch. Mitgliedern der Bush-Administration, einschließlich Vertretern des State Department, wie Larry Eagleburger, Michael Habib and Ralph Johnson, und Vertretern des Nationalen Sicherheitsrats (Brent Scowcroft und Jane Holl)
Republik Kroatien	Ruder Finn	30. November 1992 Reg. Nr. 4315 $ 2.361	• Allgemeine Beratung über Medienstrategien in den USA • Benefizkonzerttour des Kammermusikorchesters »Solisti di Zagreb«
Republik Kroatien	Ruder Finn	31. Mai 1993 Reg. Nr. 4315 $76.346	Allgemeine Beratung über Medienstrategien in den USA und nicht-politische Aktivitäten

Kunde	Agentur	Vertrag + Honorarkosten	(Politische) Aktivitäten lt. Vertrag
Republik Kroatien Büro des Präsidenten	Waterman Associates	30. Juni 1993 Reg. Nr. 4738 $ 150.000	• Umfassende Vertretung des Präsidialbüros in politischen, parlamentarischen, militärischen, wirtschaftlichen und PR-Fragen • Aufklärung der US-Regierung über ihre wirklichen Interessen auf dem Balkan • Korrektur des Bildes, Serben und Kroaten seien gleichermaßen verantwortlich für das Schlachten in Bosnien • Pro-aktive Vorbereitung einer möglichen kroatischen Militärintervention in der Krajina • Analyse der US-Politik und der Haltung des privaten Sektors in den USA gegenüber der kroatischen Regierung • Treffen mit Vertretern des State Department, des Verteidigungsministeriums, des Nationalen Sicherheitsrates, der Nachrichtendienste und mit Kongressabgeordneten • Treffen mit Organisationen und Einzelpersonen des privaten Sektors
Republik Kroatien	Waterman Associates	30. Dezember 1993 Reg. Nr. 4738 $ 75.000	• Kontakte und Treffen kroatischer Regierungsmitglieder mit Kongress- und Medienvertretern • Erstellung und Verteilung von Informationsmaterial (»Issue Points«) für Presse und Politiker über die kroatische Politik im Bosnienkrieg, die Flüchtlingssituation und die demokratischen Fortschritte der Republik Kroatien • Erstellung und regelmäßige Versendung von Mailings
Republik Kroatien Büro des Präsidenten	Waterman Associates	30. Juni 1994 Reg. Nr. 4738 $ 225.000	• Kontakte und Treffen kroatischer Regierungsmitglieder mit Kongress- und Medienvertretern zur Frage der augenblicklichen militärischen Situation in Kroatien und Bosnien • Erstellung und regelmäßige Versendung von Mailings • Anfertigung von periodischem Informationsmaterial und Reden kroatischer Politiker zu den Themen Krieg, Flüchtlinge, kroatisch-muslimische Föderation in Bosnien, Pressefreiheit in Kroatien, Menschenrechtsfragen • Organisation von öffentlichen Podiumsdiskussionen mit Journalisten
Republik Kroatien Büro des Präsidenten	Waterman Associates	31. Dezember 1994 Reg. Nr. 4738 $ 225.000	[Aktivitäten wie in den beiden vorhergehenden Verträgen]

Kunde	Agentur	Vertrag + Honorarkosten	(Politische) Aktivitäten lt. Vertrag
Republik Kroatien	Jefferson Waterman International	31. August 1995 Reg. Nr. 4990 $ 75.000	• Kampagne, die das herrschende Bild korrigieren sollte, Kroatien und Serbien seien gleichermaßen verantwortlich für den Krieg in Bosnien • Pro-aktive Öffentlichkeitsarbeit, die einer möglichen Kritik entgegenwirken sollte, wenn Kroatien die Gebiete einnimmt, die unter UN-Schutz stehen (Krajina, Slawonien) • Zu diesen Zwecken Ausarbeitung von Positionspapieren, Leserbriefen und Leitartikeln • Kontakte mit US-amerikanischen Kongress-, Regierungs- und Medienvertretern
Regierung der Republik Kroatien	Hunton & Williams	28. Februar 1997 Reg. Nr. 5040 $ 376.078	• Kontakte und Diskussionen mit Kongressabgeordneten wg. Kroatiens NATO-Beitritt • PR-Maßnahmen zur Förderung von US-Investitionen in Kroatien • Medienberatung und –kontakte • Rechtliche und politische Beratung wg. einer Klage gegen Kroatien in Kalifornien • Rechtl. Beratung und Hilfe für kroatische Offizielle hinsichtlich der englischsprachigen Veröffentlichung von Tudjmans Buch »Horrors of War«
Generalkonsulat der Republik Kroatien	T. Dean Reed	31. Mai 1997 Reg. Nr. 5044 $ 10.000	Redaktionelle Beratung, Redaktion und Verfassen von Artikeln
Regierung der Republik Kroatien	Hunton & Williams	31. August 1997 Reg. Nr. 5040 $ 596.999	• Beratung in Bezug auf Beziehungen Kroatiens mit den USA, NATO-Beitritt etc. • Vorbereitung von politischen Statements und Analysen • Vertretung kroatischer Interessen vor dem US-Kongress und gegenüber der US-Regierung • Rechtl. Vertretung im Hinblick auf Eigentumsfragen und im Prozess in Kalifornien • Vertretung vor dem Kriegsverbrechertribunal in Den Haag
Verteidigungsministerium der Republik Kroatien	Global Enterprises Group, Inc.	31. Dezember 1997 Reg. Nr. 4877 [Keine Angaben über Honorarkosten]	Keine Angaben über Aktivitäten
Republik Kroatien, Büro des Präsidenten	Jefferson Waterman International	28. Februar 1998 Reg. Nr. 4990 $ 112.425	• Kontakte mit Kongressmitgliedern und deren Mitarbeitern sowie mit Vertretern der Exekutive und der US-Regierung, um Gesetzgebung zu diskutieren, die den Klienten betrifft, wie z.B. ausl. Hilfsleistungen, Verteidigung und Handelsfragen • Vorbereitung von Positionspapieren und Reden, die um die Ziele des Kunden werben

Kunde	Agentur	Vertrag + Honorarkosten	(Politische) Aktivitäten lt. Vertrag
Regierung der Republik Kroatien	Hunton & Williams	28. Februar 1998 Reg. Nr. 5040 $ 1.295.067	[Aktivitäten wie im vorhergehenden Vertrag; zusätzlich:] • Kontakte mit Politikern wg. der Implementierung des Dayton-Friedensabkommens und der Auslieferung von Kriegsverbrechern • Besuch d. kroatischen Verteidigungsministers in den USA und Kontakte mit dem Pentagon • Kontakte mit dem US-Justizministerium wg. mögl. Gefangenen-Transfers zwischen den USA und Kroatien • Kontakt mit der Chefredaktion von »Newsday«, um die Darstellung Kroatiens in den US-Medien zu diskutieren
Verteidigungsministerium der Republik Kroatien	Global Enterprises Group, Inc.	30. Juni 1998 Reg. Nr. 4877 [Keine Angaben über Honorarkosten]	Keine Angaben über Aktivitäten
Republik Kroatien	White & Case, LLP	30. Juni 1998 Reg. Nr. 2759 [Keine Angaben über Honorarkosten]	Allgemeine Rechtsvertretung des Kunden
Regierung der Republik Kroatien	Hunton & Williams	28. August 1998 Reg. Nr. 5040 $ 1.331.570	[Aktivitäten wie in den beiden vorhergehenden Verträgen]
Republik Kroatien, Büro des Präsidenten	Jefferson Waterman International	31. August 1998 Reg. Nr. 4990 $ 74.910	• Kontakte mit Kongressmitgliedern und deren Mitarbeitern sowie mit Vertretern der Exekutive und der US-Regierung, um Gesetzgebung zu diskutieren, die den Klienten betrifft, wie z.B. ausl. Hilfsleistungen, Verteidigung und Handelsfragen • Vorbereitung von Positionspapieren und Reden, die um die Ziele des Kunden werben
Republik Kroatien	White & Case, LLP	9. September 1998 Reg. Nr. 2759 $ 96.697	Allgemeine Rechtsvertretung des Kunden
Verteidigungsministerium der Republik Kroatien	Global Enterprises Group, Inc.	31. Dezember 1998 Reg. Nr. 4877 [Keine Angaben über Honorarkosten]	Keine Angaben über Aktivitäten
Republik Kroatien, Außenministerium (Botschaft)	Patton Boggs, LLP	30. Juni 1999 Reg. Nr. 2165 [Keine Angaben über Honorarkosten]	• Unterstützung des Klienten bei Bemühungen um bilaterale Beziehungen zwischen Kroatien und den USA • Überprüfung der Möglichkeiten für ein Treffen des Regierungschefs oder des Präsidenten mit Vertretern der US-Regierung

Kunde	Agentur	Vertrag + Honorarkosten	(Politische) Aktivitäten lt. Vertrag
			• Beratungen des Klienten hinsichtlich des Zugangs zu Hilfsgeldern nach der Kosovokrise • Beratungen des Klienten hinsichtlich US-Investitionen in Kroatien und der Teilnahme von US-Unternehmen an einer Handelskonferenz des Klienten
Botschaft der Republik Kroatien in Washington	T. Dean Reed	30. Juni 1999 Reg. Nr. 5044 [Keine Angaben über Honorarkosten]	Vereinbarung einer PR-Unterstützung für den Klienten
Botschaft der Republik Kroatien in Washington	T. Dean Reed	30. September 1999 Reg. Nr. 5044 $ 15.000	PR-Unterstützung für die Botschaft im April 1999 nach dem Weggang des Presseattachés
Republik Kroatien, Außenministerium (Botschaft)	Patton Boggs, LLP	31. Dezember 1999 Reg. Nr. 2165 [Keine Angaben über Honorarkosten]	Treffen mit Vertretern der US-Regierung in Sachen bilaterale Beziehungen zwischen Kroatien und den USA und US-Investitionen in Kroatien
Republik Kroatien, Außenministerium (Botschaft)	Patton Boggs, LLP	30. Juni 2000 Reg. Nr. 2165 [Keine Angaben über Honorarkosten]	Treffen mit Vertretern der US-Regierung in Sachen bilaterale Beziehungen zwischen Kroatien und den USA und US-Investitionen in Kroatien
Republik Kroatien, Außenministerium (Botschaft)	Patton Boggs, LLP	31. Dezember 2000 Reg. Nr. 2165 $ 127.668	Beratungen des Klienten über Bewilligungsgesetzgebung, Nominierungen und andere rechtliche Dinge
Republik Kroatien, Außenministerium (Botschaft)	Patton Boggs, LLP	30. Juni 2001 Reg. Nr. 2165 [Keine Angaben über Honorarkosten]	Keine Angaben über Aktivitäten
Republik Kroatien	White & Case, LLP	31. Dezember 2001 Reg. Nr. 2759 [Keine Angaben über Honorarkosten]	Keine Angaben über Aktivitäten
Republik Kroatien	White & Case, LLP	30. Juni 2002 Reg. Nr. 2759 [Keine Angaben über Honorarkosten]	Keine Angaben über Aktivitäten

Tab. II:
Aktivitäten US-amerikanischer Public Relations-Agenturen für Vertreter der Kosovo-Albaner (1992-2002)

Kunde	Agentur	Vertrag + Honorarkosten	(Politische) Aktivitäten lt. Vertrag
Regierung der Republik Kosova	Ruder Finn	30. November 1992 Reg. Nr. 4315 $ 19.920	• Zusammenstellung und Verteilung von Hintergrundmaterial und Informationen über die brutale serbische Unterdrückung von Minderheiten im Kosovo an Journalisten und andere interessierte Personen • Anfertigung und Plazierung von Leitartikeln und Kommentaren • Brief an den neu gewählten Präsidenten Bill Clinton • Insgesamt 113 Kontakte zu Medien (darunter CNN, ABC, AFP, CBS, European, Financial Times, DPA, Guardian, Le Monde, LA Times, New York Times, Newsweek, Time Magazine, USA Today, UPI, Wall Street Journal, Washington Post, Washington Times, Chicago Tribune, Christian Science Monitor, CBS-London etc.) und zu NGOs (darunter American Jewish Committee und Freedom House)
Republik Kosova	Ruder Finn	31. Mai 1993 Reg. Nr. 4315 $ 230.141	• Zusammenstellung und Verteilung von Hintergrundmaterial und Informationen über die brutale serbische Unterdrückung von Minderheiten im Kosovo an Journalisten und andere interessierte Personen • Anfertigung und Plazierung von Leitartikeln und Kommentaren • Insgesamt 337 Kontakte zu Medien (darunter CNN, ABC, AFP, AP, DPA, Reuters, CBS, CBC, NBC, BBC World Service, European, LA Times, New York Times, Newsweek, Time Magazine, USA Today, New York Newsday, UPI, Wall Street Journal, Washington Post, Washington Times, Chicago Tribune, Christian Science Monitor, Financial Times etc.), zu NGOs (darunter American Jewish Committee, B'nai Brith, Freedom House, Amnesty International, Human Rights Watch, National Endowment for Democracy, United States Institute of Peace, Congressional Human Rights Foundation etc.) und zu anderen Einrichtungen (darunter United States Holocaust Museum, Center for Strategic International Studies, Weltbank etc.) sowie zu Kongressabgeordneten

Kunde	Agentur	Vertrag + Honorarkosten	(Politische) Aktivitäten lt. Vertrag
			• Kommunikationstechniken: Briefe an gewählte Offizielle, Info-Faxe, persönliche Gespräche, Medien-Touren, Treffen mit Kongressabgeordneten und Vertretern der US-Administration, Reisen von Kongressabgeordneten ins Kosovo u.a. • Unterstützung des Kunden in seinem Bemühen, den Kampf gegen die serbische Besatzung bekannt zu machen und ein Handeln der internationalen Gemeinschaft zu erwirken • Forderung nach dem Einsatz von internationalen Beobachtern und UN-Truppen in Kosova • Forderung nach der Errichtung eines UN-Protektorats in Kosova und Entwaffnung serbischer Militärs und der jugoslawischen Armee • Unterstützung einer internationalen Medien-Tour von Premierminister Bujar Bukoshi durch Europa und die USA (London, Genf, Brüssel und New York) • Organisation einer Medien-Tour von Ibrahim Rugova und Bujar Bukoshi durch die USA (Washington Post, Reuters, Wall Street Journal, CNN, National Public Radio, Washington Times, ABC etc.) • Organisation von Treffen Ibrahim Rugovas und Bujar Bukoshis mit US-Offiziellen (darunter Jeanne Kirckpatrick, Sandy Berger, Jimmy Carter u.a.) • Verteilung von Info-Material und eines »Kosova Bill of Rights« an alle Mitglieder des US-Kongresses im Februar • Organisation einer »fact-finding mission« von Kongreßabgeordneten in Kosova im April (Teilnehmer: Susan Molinari, Eliot Engel, Bill Paxon u.a.) • Organisation einer Kundgebung am 7. Mai für eine Einmischung der USA in Kosova (mit Teilnahme von Kongreßabgeordneten) • Anfertigung und Verteilung eines Briefes von Rugova an Clinton, der den Präsidenten auffordert, sein Versprechen einzulösen und Kosova vor der serbischen Aggression zu schützen • Anfertigung und Verteilung eines einseitigen Communiqués an alle Kongressabgeordneten mit einer Zusammenfassung der Berichterstattung der New York Times über die Unterdrükkung der Albaner im Kosovo und die Unschlüssigkeit der Clinton-Administration, auf dem Balkan tätig zu werden

Kunde	Agentur	Vertrag + Honorarkosten	(Politische) Aktivitäten lt. Vertrag
Regierung der Republik Kosova	Ruder Finn	30. Mai 1995 Reg. Nr. 4315 $ 120.541	• Zusammenstellung und Verteilung von Hintergrundmaterial und Informationen über die brutale serbische Unterdrückung von Albanern im Kosovo und Bosniaken im Sandžak an den Kongress, die Clinton-Administration und die internationalen Medien • Treffen und Korrespondenz mit gewählten Offiziellen • Info-Faxe, Medien-Touren, Pressekonferenzen • Kontakte mit außenpolitischen und Menschenrechts-Experten • Leitartikel, Verfassen von offiziellen Statements • Lobbying für Gesetzgebung im Kongress • Monitoring von Kongress-Anhörungen, Leitartikeln, der tägl. Berichterstattung der größten Nachrichtenagenturen und der wichtigsten Artikel • Forderung nach dem Einsatz von internationalen Beobachtern und UN-Truppen in Kosova • Forderung nach der Errichtung eines UN-Protektorats in Kosova und Entwaffnung serbischer Militärs und der jugoslawischen Armee • 33 Kosova-Info-Faxe an die intern. Medien, das State Department, Kongress-Führer, die Clinton-Administration, an das diplomatische Corps der UN, an Menschenrechtsorganisationen, Journalisten u.a. • Organisation eines Protestmarsches in Washington • Organisation einer Reise von Kongressabgeordneten nach Kosova, gesponsert von dem American Security Council • Organisation eines Besuchs von Ibrahim Rugova im Dezember 1994; dabei Treffen mit Kongressmitgliedern Engel, Molinari, Livingston, Gilman, DeConcini und Bob Dole; Treffen mit Staatssekretär Strobe Talbot, UN-Botschafterin Madleine Albright und Sicherheitsberater Anthony Lake; Interviews Rugovas mit New Republic, US News & World Report, Reuters TV, RFE, Washington Post, Christian Science Monitor, CNN, BBC News, New York Times und New York Newsday; Besuche der National Endowment for Democracy, des American Enterprise Institutes und des Center for Strategic and International Studies

Kunde	Agentur	Vertrag + Honorarkosten	(Politische) Aktivitäten lt. Vertrag
			• Organisation eines Besuchs von Bujar Bukoshi im Februar 1995 in den USA; Verfassen von Reden Bukoshis im House International Relations Committee und im Holocaust Museum
Regierung der Republik Kosova	Ruder Finn	30. November 1995 Reg. Nr. 4315 $ 114.752	[Aktivitäten wie im vorhergehenden Vertrag (32 statt 33 Kosova-Info-Faxe); zusätzlich:] • Unterstützung von Änderungen in Bezug auf Hilfszuwendungen des Kongresses • Besuch Bujar Bukoshis in den USA umfasst u.a. einen Abstecher nach Dayton, wo die Friedensverhandlungen für Bosnien stattfinden und wo er fordert, das Kosovaproblem in die Friedensverhandlungen mit ein zu beziehen • Besuch Rugovas in den USA umfasst u.a. ein Mittagessen, an dem Warren Christopher, Richard Holbrooke, Christopher Hill, Warren Zimmermann, Bob Dole und Kongressabgeordnete wie Susan Molinari, Eliot Engel und Jim Moran teilnehmen
Regierung der Republik Kosova	Ruder Finn	31. Mai 1996 Reg. Nr. 4315 $ 45.522	[Aktivitäten wie in beiden vorhergehenden Verträgen (16 statt 33 bzw. 32 Kosova-Info-Faxe); zusätzlich:] Eröffnung eines USIA Kulturbüros in Pristina, Werbung für die Aufrechter-haltung der »äußeren Mauer« der Sanktionen gegen Serbien
Regierung der Republik Kosova	Ruder Finn	30. November 1996 Reg. Nr. 4315 $ 46.229	[Aktivitäten wie in den drei vorhergehenden Verträgen (6 Kosova-Info-Faxe); zusätzlich:] • Management der Medien-Aktivitäten und der Zeremonien zur Eröffnung des USIA Kulturbüros in Pristina • Lobbying für die Verabschiedung einer Resolution im Kongress zur Entsendung eines Sondergesandten ins Kosovo • Lobbying für die Aufrechterhaltung der Sanktionen gegen Serbien • Lobbying für die Fortsetzung humanitärer Hilfe im Kosovo

Kunde	Agentur	Vertrag + Honorarkosten	(Politische) Aktivitäten lt. Vertrag
Muslimischer Nationalrat des Sandžak	Ruder Finn	30. November 1996 Reg. Nr. 4315 § 36.191	• Zusammenstellung und Verteilung von Hintergrundmaterial und Informationen über die brutale serbische Unterdrückung von Albanern im Kosovo und den Bosniaken im Sandžak an den Kongress, die Clinton-Administration und die internationalen Medien • Treffen und Korrespondenz mit gewählten Offiziellen • Info-Faxe, Medien-Touren, Pressekonferenzen • Kontakte mit außenpolitischen und Menschenrechts-Experten • Leitartikel, Verfassen von offiziellen Statements • Lobbying für Gesetzgebung im Kongress • 12 Sandžak-Alarm-Faxe an Zielpersonen: 350 Abgeordnete des US-Kongresses, Angehörige der US-Administration, das diplomatische Corps in Washington, die Vereinten Nationen, politische Organisationen und Medien • Hintergrundanalysen an Zielpublikum • Zehn-Punkte-Aktionsplan • Kontakte mit Medien und Kongressabgeordneten für Dr. Sulejman Ugljanin bei seinem Besuch in den USA • Anhörung im Kongress von Dr. Sulejman Ugljanin • Bereitstellung von Zeugen durch Ruder Finn für die Anhörung • Medien-Berichterstattung über Rückkehr Ugljanins in den Sandžak • Kontakte zwischen offiziellen Vertretern des Sandžak und Hilfsorganisationen zur Unterstützung von Flüchtlingen in dieser Region
Republik Kosova	Bardyl R. Tirana Law Offices	30. April 1997 Reg. Nr. 4863 $ 570	Allgemeine juristische Beratung des Klienten
Regierung der Republik Kosova	Ruder Finn	31. Mai 1997 Reg. Nr. 4315 $ 34.360	[Aktivitäten wie in den vier vorhergehenden Verträgen (4 Kosova-Info-Faxe; zusätzlich:] • Organisation des Besuchs von führenden kosovo-albanischen Politikern in Washington und deren Kontakte zur US-Administration • Anfertigung größerer Reden und Entwurf zentraler Botschaften für die Klienten • Media-Monitoring

Kunde	Agentur	Vertrag + Honorarkosten	(Politische) Aktivitäten lt. Vertrag
Muslimischer Nationalrat des Sandžak	Ruder Finn	31. Mai 1997 Reg. Nr. 4315 [Keine Angaben über Honorarkosten]	• Zusammenstellung und Verteilung von Hintergrundmaterial und Informationen über die brutale serbische Unterdrückung von Albanern im Kosovo und den Bosniaken im Sandžak an den Kongress, die Clinton-Administration und die internationalen Medien • Treffen und Korrespondenz mit gewählten Offiziellen • Info-Faxe, Medien-Touren, Pressekonferenzen • Kontakte mit außenpolitischen und Menschenrechts-Experten • Leitartikel, Verfassen von offiziellen Statements • Lobbying für Gesetzgebung im Kongress • 2 Sandžak-Alarm-Faxe an Zielpersonen: 350 Abgeordnete des US-Kongresses, Angehörige der US-Administration, das diplomatische Corps in Washington, die Vereinten Nationen, politische Organisationen und Medien
Regierung der Republik Kosova	Ruder Finn	30. November 1997 Reg. Nr. 4315 [Keine Angaben über Honorarkosten]	Bekanntgabe der Beendigung des Vertragsverhältnisses
Muslimischer Nationalrat des Sandžak	Ruder Finn	30. November 1997 Reg. Nr. 4315 [Keine Angaben über Honorarkosten]	Bekanntgabe der Beendigung des Vertragsverhältnisses
Republik Kosova	Bardyl R. Tirana Law Offices	31. Dezember 1997 Reg. Nr. 4863 [Keine Angaben über Honorarkosten]	Keine Angaben über Aktivitäten
Republik Kosova	Bardyl R. Tirana Law Offices	30. April 1998 Reg. Nr. 4863 $ 917	Vorbereitung und Durchführung eines Treffens des Klienten mit Botschafter Schifter im State Department

Kunde	Agentur	Vertrag + Honorarkosten	(Politische) Aktivitäten lt. Vertrag
Regierung von Kosova	The Washington International Group	24. Juli 1998 Reg. Nr. 5267 $ 200.000	• Bereitstellung eines Informationszentrums im Namen des Kunden • Presseerklärungen und e-mail-Postings für Abonnenten, an Zeitungen, Redakteure und interessierte Akademiker • Beratung des Kunden hinsichtlich der Jugoslawien-Politik der USA und Europas • Anfertigung von Briefen und Zeitungskommentaren • Beratung des Kunden hinsichtlich der Teilnahme an intern. Konferenzen und Verhandlungen • Organisation von Treffen mit US-Außenpolitikern • Einflussnahme auf das US-Engagement, zusammen mit den europäischen Regierungen einen Friedensplan für Jugoslawien zu entwikkeln • Aufmerksammachen der US-Regierung auf politische Optionen in Friedensverhandlungen • Organisation von Treffen mit US-Politikern, US- und europäischen Medien
Republik Kosova	Bardyl R. Tirana Law Offices	31. Oktober 1998 Reg. Nr. 4863 $ 330	Treffen mit Kongressmitgliedern und deren Mitarbeitern, um Informationen weiterzuleiten und die Situation im Kosovo sowie in Albanien zu diskutieren
Regierung von Kosova	The Washington International Group	31. Dezember 1998 Reg. Nr. 5267 [Keine Angaben über Honorarkosten]	Vorbereitung und Durchführung von Treffen mit Vertretern der US-Regierung und der Medien, um politische Optionen im Hinblick auf eine Strukturierung der Friedensverhandlungen vorzuschlagen
Regierung von Kosova	The Washington International Group	31. Januar 1999 Reg. Nr. 5267 $ 151.720	• Organisation einer Reise des Premierministers von Kosova in die USA im November 1998 • Organisation von Treffen des Premierministers mit US-Senatoren • Organisation von Interviews des Premierministers mit Medien • Vertretung des Kunden durch Partner der Agentur in Interviews mit den Medien • Vorbereitung von Hintergrund-Briefings • Beratertätigkeit durch Partner der Agentur während der Friedensverhandlungen in Rambouillet
Republik Kosova	Bardyl R. Tirana Law Offices	30. April 1999 Reg. Nr. 4863 $ 344	Treffen mit Kongreßmitgliedern und deren Mitarbeitern, um Informationen weiterzuleiten und die Situation im Kosovo sowie in Albanien zu diskutieren

Kunde	Agentur	Vertrag + Honorarkosten	(Politische) Aktivitäten lt. Vertrag
Regierung von Kosova	The Washington International Group	31. Juli 1999 Reg. Nr. 5267 $ 58.000	• Beratertätigkeit hinsichtlich der Mittel und Methoden, die allgemeine Öffentlichkeit auf die Gräueltaten aufmerksam zu machen, die an Kosovo-Albanern begangen werden • Veröffentlichung von Fernseh- und Medienkommentaren zu den Gräueln im Kosovo sowie über die Notwendigkeit, Slobodan Milošević und andere wegen Kriegsverbrechen in Kosova anzuklagen • Rechtliche und andere Hilfeleistungen während der Friedensverhandlungen von Rambouillet
Provisorische Regierung von Kosova	Patton Boggs, L.L.P	31. Dezember 1999 Reg. Nr. 2165 $ 25.000	• Juristische Dienste und Beratertätigkeit im Hinblick auf US-Gesetzgebung • Betreuung des Besuchs von Hashim Thaci in Washington • Kontakte zu Kongress-Abgeordneten und Vertretern der US-Regierung im Hinblick auf US-Gesetzgebung
Provisorische Regierung von Kosova	Patton Boggs, L.L.P	31. Juli 2000 Reg. Nr. 2165 [Keine Angaben über Honorarkosten]	Keine Angaben über Aktivitäten
Ramush Haradinaj, President von Kosova	Shirley Cloyes DioGuardi	11. August 2000 Reg. Nr. 5380 $ 0	• Repräsentation der politischen Position von Haradinaj und seiner »Allianz für die Zukunft« in den US-Medien • Versand von Briefen und Pressemitteilungen an die US-Regierung über Aktivitäten des Kunden, die wichtig sind für die US-Politik in Kosova • Reden im Namen des Kunden • Ziel der Aktivitäten: die Presse, die Öffentlichkeit und US-Regierungsvertreter zu beeinflussen, einen Weg zu ebnen, der Frieden und Stabilität in Kosova und im gesamten Balkan bringt
Ramush Haradinaj, President von Kosova	Shirley Cloyes DioGuardi	28. Februar 2001 Reg. Nr. 5380 $ 0	• Begleitung von Haradinaj zu Treffen mit amerikanischen Albanern, Mitgliedern des US-Kongresses, Angehörigen des US Institute of Peace und des State Department • Organisation von Interviews, u.a. mit Voice of America, New York Times etc. • Wahlhilfe für Haradinaj in Kosova • Begleitung Haradinajs zur Inauguration des US-Präsidenten in Washington

Kunde	Agentur	Vertrag + Honorarkosten	(Politische) Aktivitäten lt. Vertrag
Präsident von Kosova	Piper Rudnick Law Firm	31. Dezember 2002 Reg. Nr. 3712 [Keine Angaben über Honorarkosten]	Kontakte zu Medien, Angehörigen der Exekutive und der US-Regierung, Kongress-Abgeordneten und deren Mitarbeitern, um die bilateralen Beziehungen zwischen Kosova und den USA zu fördern, die fruchtbaren Beziehungen zwischen Kosova und den Europäischen Nationen zu stabilisieren und die formale Anerkennung der Unabhängigkeit Kosovas zu diskutieren

Tab. III:
Aktivitäten US-amerikanischer Public Relations-Agenturen für die Regierung Bosnien-Herzegowinas (1992-1999)

Kunde	Agentur	Vertrag + Honorarkosten	(Politische) Aktivitäten lt. Vertrag
Regierung von Bosnien-Herzegowina	Ruder Finn	30. November 1992 Reg. Nr. 4315 $ 55.886	• Einsatz für ein positives Image Bosniens im Kongress, in der US-Regierung und in den Medien • Entwicklung einer Medien-Strategie für die Verbreitung von Informationen, die die serbische Invasion in Bosnien betreffen (Verfassen und Plazieren von Leitartikeln, Gastkommentaren, Leserbriefen etc.) • Ziele: Vertreter der US-Regierung und der Medien sollten über die andauernde Tragödie in Bosnien belehrt werden, die mit der stillschweigenden Befürwortung der westlichen Führer stattfindet, und die USA sollten davon überzeugt werden, eine stärkere Führungsrolle auf dem Balkan zu übernehmen • Betreuung des Klienten bei fünf internationalen Konferenzen während des Berichtszeitraums: 1. Konferenz der Organisation Islamischer Länder in Istanbul (Juni) 2. KSZE-Gipfel in Helsinki (Juli); 3. Sitzung des UN-Sicherheitsrats (August); 4. Londoner Jugoslawienkonferenz (August); 5. Generalvollversammlung der Vereinten Nationen (September) • Anlässlich der Konferenzen mehrfache Interviews der Klienten (Außenminister Silajdžić, Präsident Izetbegović und Botschafter Sacirbey) organisiert mit: Newsweek, Washington Post, New York Times, Time Magazine, USA Today, Reuters, CNN, CBS-TV, ABC-TV, Associated Press, Wall Street Journal, ITN, BBC, World Television Network • Organisation von Treffen des bosnischen Außenministers mit Staatssekretär Lawrence Eagleburger und dem Vize-Präsidentschaftskandidaten Al Gore sowie mit einflussreichen Senatoren, darunter Bob Dole, George Mitchell und Joseph Lieberman • Verfassen von Reden und Statements des Klienten und deren Verbreitung in den Medien • Beratertätigkeiten hinsichtlich der Resolutionen 770 und 771 des UN-Sicherheitsrates

Kunde	Agentur	Vertrag + Honorarkosten	(Politische) Aktivitäten lt. Vertrag
			• Verfassen von Briefen Izetbegovićs und Silajdžićs an den Vorsitzenden des UN-Sicherheitsrats, an Präsident Bush, Margaret Thatcher, Außenminister Baker, Dick Cheney und an die Vorsitzenden der KSZE, EG und WEU • Zwei spontane Stellungnahmen für mehrere Nachrichtenagenturen vor dem Büro von Senator Dole und vor dem Büro des Auswärtigen Ausschusses von Senator Pell • Insgesamt 177 Schlüsselpersonen aus Kongress, NGOs und Medien direkt kontaktiert
Republik Bosnien-Herzegowina	Ruder Finn	31. Mai 1993 Reg. Nr. 4315 $ 15.039	• Umsetzung eines strategischen Medien-Kommunikationsplans, um durch die Verbreitung von Nachrichten über Nahrungsmittel- und Medikamentenmangel verstärkte humanitäre Hilfe von den USA zu bekommen • Vorrangige Aufgabe: Durch die Koordinierung von Medien-Interviews des bosnischen Außenministers die antretende Clinton-Administration dazu zu bewegen, ihre Verpflichtung einzulösen, sich stärker in der Balkankrise zu engagieren und eine Führungsrolle zu übernehmen • Organisation und Durchführung des Besuchs von Außenminister Silajdžić und seine Präsenz in folgenden Meiden: NBC-Today Show; US News and World Report CBS News; ABC-Evening und Morning News, BBC World Service, USA Today, Newsweek, Time Magazine, PBS-MacNeil/ Lehrer News Hour, New York Times, Washington Post, CNN Larry King Live etc. • Briefings von führenden Journalisten, wichtigen Politikern und politischen Analytikern am American Enterprise Institute und in der Carnegie Endowment for International Peace, darunter Vertreter der wichtigtsen US-amerikanischen Medien, aber auch der US-Force oder des American Jewish Committee • Treffen mit dem antretenden Clinton-Team
Friends of Bosnia Action Group	The Hannaford Company	29. November 1993 Reg. Nr. 2850 $ 50.299	• Informationsprogramme über die Ereignisse in Bosnien für Journalisten, Wissenschaftler und andere interessierte Personen • Interviews in der Washington Times, CNN Larry King-Show und PBC der Friends of Bosnia Action Group, einer privaten Vereinigung von Bürgern Malaysias

Kunde	Agentur	Vertrag + Honorarkosten	(Politische) Aktivitäten lt. Vertrag
Föderation Bosnien-Herzegowinas	Burson-Marstellar	23. April 1997 Reg. Nr. 2469 $ 60.200	• Medienkontakte • Beratungen über eine Medienstrategie und neue Ideen für eine Berichterstattung wie z.B. ein Event im Holocaust Museum, der sich auf Brčko und Völkermord fokussiert • Treffen mit dem Balkan Action Council, um die Programmziele und die Strategie im Inland zu diskutieren • Medienkontakte für den Balkan Action Council • Gespräche über die mögliche Abhaltung einer Rede vor dem US-Council on Foreign Relations • Interview des Premierministers mit BBC • Entwicklung eines ganzen Spektrums von Kommunikationsmaterial über Brčko und Menschenrechtsfragen zur Distribution durch die Föderation Bosnien-Herzegowinas
Föderation Bosnien-Herzegowinas	Barnes & Thornburg	2. März 1998 Reg. Nr. 5239 $ 24.456	Juristische Vertretung des Klienten in allen Belangen einschl. des Schiedsverfahrens wegen Brčko
Föderation Bosnien-Herzegowinas	Barnes & Thornburg	30. September 1998 Reg. Nr. 5239 $ 399.307	• Umfassende juristische Vertretung im Schiedsverfahren wegen Brčko • Briefing von Senator Cleland und seiner Mannschaft vor der Reise nach Bosnien • Treffen mit Bruce Jackson, dem Vorsitzender der NATO Support Group, wegen Unterstützung des Kongresses • Treffen mit Steve Rukavina, Berater der Croatian-American Group, zu Fragen über Bosnien und die Unterstützung für eine gerechte Brčko-Lösung durch die Gruppe • Gespräch mit der St. Thomas Moore Society über Menschenrechtsfragen in Bosnien
Regierung von Bosnien-Herzegowina, Agent für den Internationalen Gerichtshof in Den Haag	The Washington International Group	31. Januar 1999 Reg. Nr. 5267 $ 25.000	• Organisation von Treffen zwischen dem Agenten Bosnien-Herzegowinas für den Internationalen Gerichtshof und Vertretern der US-Regierung, um die Völkermordklage gegen die Bundesrepublik Jugoslawien zu diskutieren • Organisation von Vorträgen der Anwälte vor ausgewählten NGOs
Föderation Bosnien-Herzegowinas	Barnes & Thornburg	31. März 1999 Reg. Nr. 5239 $ 292.889	Juristische Dienste und Kontrolle, ob der Schiedsspruch wegen Brčko umgesetzt wird
Regierung von Bosnien-Herzegowina, Agent für den Internationalen Gerichtshof in Den Haag	The Washington International Group	31. Juli 1999 Reg. Nr. 5267 $ 0	• Beratungen über PR-Aktivitäten, die ein besseres Verständnis der Völkermordklage herbeiführen sollen • Durchführung von TV-Kommentaren über die Bedeutung der Völkermordklage für den Friedensprozess im ehemaligen Jugoslawien

Kunde	Agentur	Vertrag + Honorarkosten	(Politische) Aktivitäten lt. Vertrag
Föderation Bosnien-Herzegowinas	Barnes & Thornburg	31. Dezember 1999 Reg. Nr. 5239 [keine Angaben über Honorarkosten]	Juristische Dienste und Kontrolle, ob der Schiedsspruch wegen Brčko umgesetzt wird

Tab. IV:
Aktivitäten US-amerikanischer Public Relations-Agenturen für die Regierung Sloweniens (1992-2002)

Kunde	Agentur	Vertrag + Honorarkosten	(Politische) Aktivitäten lt. Vertrag
Keine Angaben	Büro der Republik Slowenien	31. Mai 1992 Reg. Nr. 4586 $ 0	• Treffen mit US-Politikern, vor allem aus dem State Department, um über den Status Sloweniens als unabhängigen Staat und den Balkankonflikt zu sprechen • Vortrag beim International Club in Washington und Podiumsdiskussion an der George Washington University, um eine Anerkennung der Unabhängigkeit Sloweniens zu fördern • Im Berichtszeitraum wurde Slowenien von den USA formal anerkannt
Republik Slowenien, Botschaft	Van Kloberg & Associates, Ltd.	9. November 1992 Reg. Nr. 3466 [Keine Angaben über Honorarkosten]	Vorbereitung und Plazierung von zwei Kommentaren des slowenischen Außenministers
Republik Slowenien, Botschaft	Büro der Republik Slowenien	30. November 1992 Reg. Nr. 4586 [Keine Angaben über Honorarkosten]	• Regelmäßige Treffen mit Vertretern der US-Regierung, insbesondere aus dem State Department; einige Treffen auf der Ebene des stellvertretenden Außenministers Eagleburger • Ziel der Treffen: Unterrichtung der US-Politiker über Slowenien als unabhängigen Staat und über den Balkankonflikt • Im Berichtszeitraum wurde Slowenien von den USA formal anerkannt, und Slowenien richtete eine Botschaft ein
Republik Slowenien, Botschaft	Van Kloberg & Associates, Ltd.	9. Mai 1993 Reg. Nr. 3466 $ 0	Bekanntgabe der Beendigung des Vertragsverhältnisses
Regierung der Republik Slowenien	Washington World Group, Lt.	31. Oktober 1995 Reg. Nr. 5016 $ 25.000	Beratungen der Botschaft zur Verbesserung der PR sowie der Medienaktivitäten in den USA Plazierung von 6 Leitartikeln und Kommentaren in versch. US-Medien

Kunde	Agentur	Vertrag + Honorarkosten	(Politische) Aktivitäten lt. Vertrag
Regierung der Republik Slowenien	Washington World Group, Lt.	30. April 1996 Reg. Nr. 5016 $ 0	• Unterstützung der Botschaft bei der Vorbereitung von PR-Material für die Förderung von US-Investitionen in Handel und Industrie in Slowenien • Organisation von Medien-Interviews für Mitarbeiter der Botschaft • Erstellung von Mailing-Listen • Förderung des Images Sloweniens in den USA • Förderung von Business-Kontakten
Regierung der Republik Slowenien	Washington World Group, Lt.	31. Oktober 1996 Reg. Nr. 5016 $ 12.478	• Consulting und PR-Dienste, um die wirtschaftliche Entwicklung und die politische Situation in Slowenien positiv darzustellen • Erstellung von Mailing-Listen • Förderung des Images Sloweniens in den USA • Förderung von Business-Kontakten • Unterstützung der PR-Abteilung der Botschaft
Regierung der Republik Slowenien, Botschaft	Verner, Liipfert, Bernhard, McPherson & Hand	5. August 1998 Reg. Nr. 3712 $ 47.709	Treffen mit Vertretern des Kongresses und der US-Regierung, um den Klienten bei seinen Bemühungen um einen NATO-Beitritt zu unterstützen
Regierung der Republik Slowenien	Washington World Group, Lt.	31. Dezember 1998 Reg. Nr. 5016 [Keine Angaben über Honorarkosten]	Keine Angaben über Aktivitäten
Regierung der Republik Slowenien, Botschaft	Verner, Liipfert, Bernhard, McPherson & Hand	5. August 1999 Reg. Nr. 3712 $ 31.133	• Beratungen des Klienten bezüglich der NATO-Erweiterung und bilateraler Angelegenheiten zwischen den USA und Slowenien • Kontakt mit dem Präsidenten und der US-Regierung im Auftrag des Kunden
Regierung der Republik Slowenien	Washington World Group, Lt.	31. Dezember 1999 Reg. Nr. 5016 [Keine Angaben über Honorarkosten]	Keine Angaben über Aktivitäten
Regierung der Republik Slowenien, Botschaft	Verner, Liipfert, Bernhard, McPherson & Hand	30. Juni 2000 Reg. Nr. 3712 [Keine Angaben über Honorarkosten]	Keine Angaben über Aktivitäten
Regierung der Republik Slowenien	Washington World Group, Lt.	30. Juni 2000 Reg. Nr. 5016 [Keine Angaben über Honorarkosten]	Keine Angaben über Aktivitäten

Kunde	Agentur	Vertrag + Honorarkosten	(Politische) Aktivitäten lt. Vertrag
Regierung der Republik Slowenien, Botschaft	Verner, Liipfert, Bernhard, McPherson & Hand	31. Dezember 2000 Reg. Nr. 3712 [Keine Angaben über Honorarkosten]	Keine Angaben über Aktivitäten
Regierung der Republik Slowenien	Washington World Group, Lt.	31. Dezember 2000 Reg. Nr. 5016 [Keine Angaben über Honorarkosten]	Keine Angaben über Aktivitäten
Regierung der Republik Slowenien	Washington World Group, Lt.	30. Juni 2001 Reg. Nr. 5016 [Keine Angaben über Honorarkosten]	Keine Angaben über Aktivitäten
Regierung der Republik Slowenien	Washington World Group, Lt.	31. Dezember 2001 Reg. Nr. 5016 [Keine Angaben über Honorarkosten]	Keine Angaben über Aktivitäten
Regierung der Republik Slowenien	Dechert Price & Roads	16. Mai 2002 Reg. Nr. 5530 [Keine Angaben über Honorarkosten]	Verhandlungen mit dem Büro der US-Handelsvertretung wegen einer Pressemitteilung, die besagte, daß Slowenien den Schutz vertraulicher Testdaten von Pharmaunternehmen, die eine Marktzulassung beantragt haben, aufgehoben hat
Aussenministerium der Republik Slowenien	Piper Rudnick Law Firm	5. August 2002 Reg. Nr. 3712 $ 71.001	Kontakte zu Medien sowie Vertretern der US-Regierung und des Kongresses, um die bilateralen Beziehungen zwischen den USA und Slowenien zu fördern und die Unterstützung der US-Regierung für einen NATO-Beitritt Sloweniens zu sichern

Tab. V:
Aktivitäten US-amerikanischer Public Relations-Agenturen für die Regierung Montenegros (1997-2002)

Kunde	Agentur	Vertrag + Honorarkosten	(Politische) Aktivitäten lt. Vertrag
Regierung der Republik Montenegro, Handelsmission in den USA	Manatt, Phelps & Phillips	11. April 1997 Reg. Nr. 5171 $ 89.958	Vertretung der Interessen des Klienten in Fragen der US-Politik auf dem Balkan gegenüber dem Kongress und der US-Regierung
Republik Montenegro	Herzfeld & Rubin, P.C.	30. Juni 1997 Reg. Nr. 5112 [Keine Angaben über Honorarkosten]	Sponsoring von Vorträgen, Seminaren, Mittagessen und Pressekonferenzen, um für US-Investitionen in Montenegro zu werben
Regierung der Republik Montenegro, Handelsmission in den USA	Manatt, Phelps & Phillips	31. Oktober 1997 Reg. Nr. 5171 $ 11.044	Vertretung der Interessen des Klienten in Fragen der US-Politik auf dem Balkan gegenüber dem Kongress und der US-Regierung
Republik Montenegro	Herzfeld & Rubin, P.C.	31. Dezember 1997 Reg. Nr. 5112 [Keine Angaben über Honorarkosten]	Juristische Dienstleistungen, Beratertätigkeiten und Repräsentation des Klienten Teilnahme an Seminaren über US-Produkte
Regierung der Republik Montenegro	Republik Montenegro, Handelsmission in den USA	31. Dezember 1997 Reg. Nr. 5199 [Keine Angaben über Honorarkosten]	Bereitstellung von Informationen zur Förderung von Handel, Business und wirtschaftlichen Beziehungen zwischen amerikanischen Unternehmen und Montenegro
Regierung der Republik Montenegro	Republik Montenegro, Handelsmission in den USA	28. Februar 1998 Reg. Nr. 5199 $ 299.822	Bereitstellung von Informationen zur Förderung von Handel, Business und wirtschaftlichen Beziehungen zwischen amerikanischen Unternehmen und Montenegro
Regierung der Republik Montenegro, Handelsmission in den USA	Manatt, Phelps & Phillips	30. April 1998 Reg. Nr. 5171 $ 44.909	Vertretung der Interessen des Klienten in Fragen der US-Politik auf dem Balkan gegenüber dem Kongress und der US-Regierung
Regierung der Republik Montenegro	Republik Montenegro, Handelsmission in den USA	31. August 1998 Reg. Nr. 5199 $ 267.915	Kontakte mit Kongress-Angehörigen und Vertretern der US-Regierung zur Förderung von Investitionen in Montenegro, Organisation von Treffen mit US-Vertretern und einer montenegrinischen Parlamentsdelegation

Kunde	Agentur	Vertrag + Honorarkosten	(Politische) Aktivitäten lt. Vertrag
Regierung der Republik Montenegro, Handelsmission in den USA	Manatt, Phelps & Phillips	31. Dezember 1998 Reg. Nr. 5171 [Keine Angaben über Honorarkosten]	Keine Angaben über Aktivitäten
Regierung der Republik Montenegro	Republik Montenegro, Handelsmission in den USA	28. Februar 1999 Reg. Nr. 5199 $ 53.469	• Kontakte mit Vertretern der US-Regierung, um die Situation in Montenegro zu diskutieren • Treffen mit Vertretern verschiedener NGOs und Institutionen wg. technischer Hilfe • Koordination des Besuchs des montenegrinischen Präsidenten in den USA
Regierung der Republik Montenegro	Republik Montenegro, Handelsmission in den USA	31. August 1999 Reg. Nr. 5199 $ 487.728	• Kontakte mit Vertretern der US-Regierung, um die Situation in Montenegro zu diskutieren • Treffen mit Vertretern verschiedener NGOs und Institutionen wg. technischer Unterstützung • Koordination des Besuchs des Beraters des montenegrinischen Außenministers in Washington
Regierung der Republik Montenegro	Republik Montenegro, Handelsmission in den USA	28. Februar 2000 Reg. Nr. 5199 $ 199.950	• Kontakte mit Vertretern der US-Regierung, um die Situation in Montenegro zu diskutieren • Treffen mit Vertretern verschiedener NGOs und Regierungs-Institutionen wg. technischer Unterstützung
Regierung der Republik Montenegro	Republik Montenegro, Handelsmission in den USA	31. August 2000 Reg. Nr. 5199 $ 231.976	• Kontakte mit Vertretern der US-Regierung, um die Situation in Montenegro zu diskutieren • Treffen mit Vertretern verschiedener NGOs und Regierungs-Institutionen wg. technischer Unterstützung
Außenministerium der Republik Montenegro	Verner, Liipfert, Bernhard, McPherson & Hand	22. Februar 2001 Reg. Nr. 3712 $ 30.000	Allgemeine Repräsentation des Klienten, um ein besseres Verständnis seiner Außenpolitik in der US-Administration, im Kongress, in den Medien und in der allg. Öffentlichkeit zu fördern
Regierung der Republik Montenegro	Republik Montenegro, Handelsmission in den USA	30. Juni 2001 Reg. Nr. 5199 [Keine Angaben über Honorarkosten]	Kontakte mit Vertretern der US-Regierung, um die Situation in Montenegro zu diskutieren
Außenministerium der Republik Montenegro	Verner, Liipfert, Bernhard, McPherson & Hand	5. August 2001 Reg. Nr. 3712 $ 31.985	Allgemeine Repräsentation des Klienten, um ein besseres Verständnis seiner Außenpolitik in der US-Administration, im Kongress, in den Medien und in der allg. Öffentlichkeit zu fördern

Kunde	Agentur	Vertrag + Honorarkosten	(Politische) Aktivitäten lt. Vertrag
Regierung der Republik Montenegro	Republik Montenegro, Handelsmission in den USA	31. August 2001 Reg. Nr. 5199 $ 134.690	• Kontakte mit Vertretern der US-Regierung, um die Situation in Montenegro zu diskutieren • Treffen mit Vertretern verschiedener NGOs und Regierungs-Institutionen wg. technischer Unterstützung
Außenministerium der Republik Montenegro	Piper Rudnick Law Firm	5. Februar 2002 Reg. Nr. 3712 $ 59.930	Kontakte mit Medienexperten und Vertretern der US-Regierung, um ein besseres Verständnis der Außenpolitik des Klienten in der US-Administration, im Kongress, in den Medien und in der allg. Öffentlichkeit zu fördern
Regierung der Republik Montenegro	Republik Montenegro, Handelsmission in den USA	28. Februar 2002 Reg. Nr. 5199 $ 172.074	Kontakte mit Vertretern der US-Regierung in Bezug auf die bilateralen Beziehungen, ökonomischer Hilfsprogramme und anderer Fragen, die die Beziehungen zwischen den USA und Montenegro betreffen
Außenministerium der Republik Montenegro	Piper Rudnick Law Firm	5. August 2002 Reg. Nr. 3712 $ 121.919	Kontakte mit Medienexperten und Vertretern der US-Regierung, um ein besseres Verständnis der Außenpolitik des Klienten in der US-Administration, im Kongress, in den Medien und in der allg. Öffentlichkeit zu fördern
Regierung der Republik Montenegro	Republik Montenegro, Handelsmission in den USA	31. August 2002 Reg. Nr. 5199 $ 172.074	Kontakte mit Vertretern der US-Regierung in Bezug auf die bilateralen Beziehungen, ökonomischer Hilfsprogramme und anderer Fragen, die die Beziehungen zwischen den USA und Montenegro betreffen

Tab. VI:
Aktivitäten US-amerikanischer Public Relations-Agenturen für
Vertreter der serbischen Seite (1992-2002)

Kunde	Agentur	Vertrag + Honorarkosten	(Politische) Aktivitäten lt. Vertrag
Jugopetrol	Wise Communications	30. April 1992 Reg. Nr. 4581 $ 304.906	• PR-Beratung, Kontakte mit Medien, Verteilung von Informationsmaterial, Presseerklärungen, Vermittlung von Interviews und Vorträgen, um ein besseres Verständnis der Ereignisse in Jugoslawien zu erzielen • Werbung für US-Investitionen in Serbien und Jugoslawien • Organisation einer Vortragsreihe von Klara Mandić, einer führenden Jüdin aus Serbien, über historische und aktuelle Ereignisse, insbesondere im Hinblick auf die jüdische Gemeinde in den USA
SKH Kronprinz Aleksandar Karadjordjevic	Schmertz Company	16. Juli 1992 Reg. Nr. 4161 [Keine Angaben über Honorarkosten]	Vermittlung von Interviews mit Kronprinz Aleksandar zur Darstellung seiner Ansichten über die Situation in Jugoslawien und die Zukunft des Landes
Jugopetrol	Bayh, Connaughton, Fensterheim & Malone, P.C.	31. Juli 1992 Reg. Nr. 4606 [Keine Angaben über Honorarkosten]	• Beratung und Kontakte mit Vertretern der US-Regierung in Bezug auf die Ereignisse in Jugoslawien und die US-Politik gegenüber Jugoslawien • Erstellung von Informationsmaterial zum besseren Verständnis der Ereignisse in Jugoslawien • Kein Lobbying
Regierung der Serbischen Republik Krajina	Zoran B. Djordjevič	31. Juli 1992 Reg. Nr. 4605 $ 15.645	• Übermittlung von Botschaften der Regierung der Republika Srpska Krajina an die US-Regierung, die UN und ausgewählte Medien • Teilnahme an Talk-Shows und Radio-Interviews • Vorträge über die politische Situation in Jugoslawien in der serbisch-amerikanischen Gemeinde • Press-Clipping der Berichterstattung der US-Medien für politische Führer und serbische Gruppen in Jugoslawien
Jugopetrol	Wise Communications	31. Oktober 1992 Reg. Nr. 4581 $ 0	Bericht über die Beendigung der Beziehungen mit dem Kunden am 23. Oktober 1992; keine Aktivitäten in den vergangenen sechs Monaten

Kunde	Agentur	Vertrag + Honorarkosten	(Politische) Aktivitäten lt. Vertrag
Milan Panič, jugoslawischer Premierminister	Bayh, Connaughton, Fensterheim & Malone, P.C.	31. Januar 1993 Reg. Nr. 4606 $ 119.377	• Beratung in Bezug auf die Einhaltung der US-Sanktionen gegen und der UN-Resolutionen zu Jugoslawien • Medienberatung • Unterrichtung von Vertretern der US-Regierung über die Aktivitäten von Milan Panić in Jugoslawien
Milan Panič, jugoslawischer Premierminister	Bayh, Connaughton, Fensterheim & Malone, P.C.	31. Juli 1993 Reg. Nr. 4606 $ 231.575	• [Aktivitäten wie im vorhergehenden Vertrag] • Unterrichtung über Panićs Rücktritt als Premierminister und seine Rückkehr in die USA im Februar 1993 • Kein Lobbying
Regierung der Serbischen Republik Krajina	Zoran B. Djordjevič	31. Juli 1993 Reg. Nr. 4605 $ 0	Botschaft an den Generalstab der US-Armee am 23. Februar 1993
Republika Srpska (RS; Teilrepublik der Serben in Bosnien)	Danielle Sremac	31. Januar 1995 Reg. Nr. 4932 $ 0	• Schriftliche Berichte an den Kunden über die Berichterstattung in den US-Medien und die US-Politik gegenüber Jugoslawien • Infomaterial an die Medien über die RS • Vortrag in einem think tank • Telefonische Informationen für Interessierte
Republika Srpska	Danielle Sremac	31. Juli 1995 Reg. Nr. 4932 $ 0	Info-Material über die RS an US-Medien Auftritte von Danielle Sremac in Nachrichtensendungen
Republika Srpska	Danielle Sremac	31. Januar 1996 Reg. Nr. 4932 $ 0	[Aktivitäten wie im vorhergehenden Vertrag]
Bogoljub Karić und die Karić-Gruppe	LeBoeuf, Lamb, Greene & MacRae, LLP	30. Juni 1997 Reg. Nr. 5144 $ 60.000	PR-Beratungen hinsichtlich geschäftlicher Entwicklungen und wirtschaftlicher Interessen in den USA
Republika Srpska	Danielle Sremac	30. Juni 1997 Reg. Nr. 4932 [Keine Angaben über Honorarkosten]	Keine Angaben über Aktivitäten
Republika Srpska	Danielle Sremac	31. Dezember 1997 Reg. Nr. 4932 [Keine Angaben über Honorarkosten]	Keine Angaben über Aktivitäten
Bundesrepublik Jugoslawien (Botschaft)	American International Development Group, Inc.	3. Juni 1998 Reg. Nr. 5259 $ 449.945	Treffen mit Vertretern der US-Regierung und Informationen für den Klienten hinsichtlich der Wiederherstellung wirtschaftlicher Beziehungen zwischen Jugoslawien und den USA
Republika Srpska	Strategy XXI Group	26. August 1998 Reg. Nr. 3273 $ 0	• Kontakte und Treffen mit Offiziellen, Gesetzgebern, Regierungsstellen und Medien • Presseerklärungen und Erstellung von Info-Material über die RS • Darstellung der US-freundlichen Haltung der Premierminister der RS

Kunde	Agentur	Vertrag + Honorarkosten	(Politische) Aktivitäten lt. Vertrag
Bundesrepublik Jugoslawien (Botschaft)	American International Development Group, Inc.	31. Dezember 1998 Reg. Nr. 5259 [Keine Angaben über Honorarkosten]	Keine Angaben über Aktivitäten
Republika Srpska	Strategy XXI Group	30. Juni 1999 Reg. Nr. 5273 [Keine Angaben über Honorarkosten]	Keine Angaben über Aktivitäten
Bundesrepublik Jugoslawien (Botschaft)	American International Development Group, Inc.	30. Juni 1999 Reg. Nr. 5259 [Keine Angaben über Honorarkosten]	Keine Angaben über Aktivitäten
Republika Srpska	The PBN Company	20. Dezember 1999 Reg.Nr. 5351 $ 20.000	• Ausarbeitung und Verbreitung von Pressemappen über die RS • Förderung einer stärkeren Präsenz der RS in den US-Medien • Koordinierung von Treffen mit Vertretern des Kongresses und der Clinton-Administration • Kontakte mit Hilfsorganisationen, Werbung um Spendengelder • Werbung um wirtschaftliche Investitionen in der RS • Politische Aktivitäten, um ein positiveres Bild der RS in den USA zu erzeugen (Kontakte mit Vertretern der US-Administration, des Kongresses und NGOs)
Republika Srpska	Strategy XXI Group	31. Dezember 1999 Reg. Nr. 5273 [Keine Angaben über Honorarkosten]	Keine Angaben über Aktivitäten
Bundesrepublik Jugoslawien (Botschaft)	American International Development Group, Inc.	31. Dezember 1999 Reg. Nr. 5259 [Keine Angaben über Honorarkosten]	Keine Angaben über Aktivitäten
Republika Srpska	Strategy XXI Group	29. Februar 2000 Reg. Nr. 5273 $ 0	Unterstützung bei der Werbung um US-Investitionen sowie um Hilfsgelder aus den USA und von internationalen Organisationen Info-Material für die Presse über die RS
Republika Srpska	The PBN Company	30. Juni 2000 Reg. Nr. 5351 $ 20.000	Kontakte mit Kongressabgeordneten und Vertretern des State Department zur Koordinierung des Besuchs von Premierminister Dodik in den USA; Besuch wurde abgesagt

Kunde	Agentur	Vertrag + Honorarkosten	(Politische) Aktivitäten lt. Vertrag
Bundesrepublik Jugoslawien (Botschaft)	American International Development Group, Inc.	30. Juni 2000 Reg. Nr. 5259 [Keine Angaben über Honorarkosten]	Keine Angaben über Aktivitäten
Vojislav Koštunica, Präsident der Bundesrepublik Jugoslawien	Vladimir Matić	22. Dezember 2000 Reg. Nr. 5403 $ 0	• Ernennung Matićs zum jugoslawischen Sondergesandten in den USA und Berater des Präsidenten, mit der Aufgabe, die Wirtschaftsbeziehungen zu normalisieren und die Probleme, die das Milošević-Regime hinterlassen hat, zu lösen • Kontakte mit Vertretern des State Department, des Kongresses sowie mit NGOs zur Vorbereitung des Besuchs des jugoslawischen Außenministers • Förderung des Dialogs und der Kooperation zwischen BR Jugoslawien und den USA • Erläuterung des Transformationsprozesses der BR Jugoslawien • Vortrag in einem think tank über die Situation in Jugoslawien • Vertrag endet am 12. Januar 2001
Republika Srpska	The PBN Company	31. Dezember 2000 Reg. Nr. 5351 $ 10.000	• Korrespondenz mit John Herzberg, Mitglied des Ausschusses des Repräsentantenhauses, der sich mit der Korruption in Bosnien befasst • E-Mail an Kongressabgeordneten Gilman mit der Bitte um ein Statement zugunsten der demokratischen Kräfte in der Republika Srpska
Republika Srpska	Strategy XXI Group	31. Dezember 2000 Reg. Nr. 5273 [Keine Angaben über Honorarkosten]	Keine Angaben über Aktivitäten
Bundesrepublik Jugoslawien (Botschaft)	American International Development Group, Inc.	31. Dezember 2000 Reg. Nr. 5259 [Keine Angaben über Honorarkosten]	Keine Angaben über Aktivitäten

Kunde	Agentur	Vertrag + Honorarkosten	(Politische) Aktivitäten lt. Vertrag
Regierung der Republik Serbien	James Denton	19. März 2001 Reg. Nr. 5416 $ 40.680	• Aktivitäten gegenüber der US-Regierung, der Öffentlichkeit und Wirtschaftskreisen zur Wiederherstellung partnerschaftlicher und konstruktiver Beziehungen mit den USA • Förderung der Kommunikation zwischen serbischen Vertretern und Vertretern aus US-Regierung, Wirtschaft, Medien, NGOs, Kultur und akademischen Kreisen sowie Organisation von Treffen mit denselben • Organisation einer Reise von Kongressmitgliedern nach Serbien
			• Erläuterung der Situation und öffentlichen Meinung in Serbien • Regelmäßige Kommunikationen über die Verpflichtungen Serbiens gegenüber dem Kriegsverbrechertribunal, US-Hilfe für Serbien und amerik.-serb. Beziehungen
Bundesrepublik Jugoslawien (Botschaft)	American International Development Group, Inc.	30. Juni 2001 Reg. Nr. 5259 [Keine Angaben über Honorarkosten]	Keine Angaben über Aktivitäten
Vojislav Koštunica, Präsident der Bundesrepublik Jugoslawien	Vladimir Matić	30. Juni 2001 Reg. Nr. 5403 [Keine Angaben über Honorarkosten]	Keine Angaben über Aktivitäten
Bundesrepublik Jugoslawien	Hampshire Partners	24. Dezember 2001 Reg. Nr. 5455 [Keine Angaben über Honorarkosten]	Kontakte mit US- und anderen relevanten Offiziellen wegen internationaler Finanzhilfen für Jugoslawien
Regierung der Republik Serbien	James Denton	31. Dezember 2001 Reg. Nr. 5416 [Keine Angaben über Honorarkosten]	Keine Angaben über Aktivitäten
Bundesrepublik Jugoslawien	Hampshire Partners	28. Februar 2002 Reg. Nr. 5455 $ 250.000	Kontakte mit US-Offiziellen wegen Finanzangelegenheiten, die Jugoslawien betreffen
Regierung der Republik Serbien	James Denton	30. Juni 2002 Reg. Nr. 5416 [Keine Angaben über Honorarkosten]	Keine Angaben über Aktivitäten
Bundesrepublik Jugoslawien	Akin, Gump, Strauss, Hauer & Feld LLP	30. Juni 2002 Reg. Nr. 3492 [Keine Angaben über Honorarkosten]	Beratungen des Kunden hinsichtlich Wirtschafts- und Finanzbeziehungen zu den USA und anderen Mitgliedern der internationalen Gemeinschaft

Kunde	Agentur	Vertrag + Honorarkosten	(Politische) Aktivitäten lt. Vertrag
Bundesrepublik Jugoslawien (Botschaft)	American International Development Group, Inc.	30. Juni 2002 Reg. Nr. 5259 [Keine Angaben über Honorarkosten]	Keine Angaben über Aktivitäten
Bundesrepublik Jugoslawien	Akin, Gump, Strauss, Hauer & Feld LLP	24. Dezember 2002 Reg. Nr. 3492 $ 100.000	Keine Angaben über Aktivitäten
Regierung der Republik Serbien	James Denton	31. Dezember 2002 Reg. Nr. 5416 [Keine Angaben über Honorarkosten]	Keine Angaben über Aktivitäten
Vereinigung freier und unabhängiger Gewerkschaften Serbiens	Public Strategies, Inc.	31. Dezember 2002 Reg. Nr. 5472 [Keine Angaben über Honorarkosten]	Beratungen und Vorbereitungen von Treffen mit Vertretern der US-Regierung und der Massenmedien, Anfertigung einer website
Bundesrepublik Jugoslawien (Botschaft)	American International Development Group, Inc.	31. Dezember 2002 Reg. Nr. 5259 [Keine Angaben über Honorarkosten]	Keine Angaben über Aktivitäten

Tab. VII:
Aktivitäten US-amerikanischer Public Relations-Agenturen für die Regierung Mazedoniens (1992-2002)

Kunde	Agentur	Vertrag + Honorarkosten	(Politische) Aktivitäten lt. Vertrag
Republik Mazedonien	Ljubica Z. Ačevski	31. Juli 1992 Reg. Nr. 4608 [Keine Angaben über Honorarkosten]	• Aktivitäten zur Mobilisierung einer internationalen Unterstützung für eine politische und wirtschaftliche Integrität und Entwicklung der Republik Mazedonien sowie eine ökonomische Zusammenarbeit mit ihr • Kontakte mit Vertretern des State Department, des Kongresses und der Medien • Vorbereitung von Korrespondenz und Hintergrundmaterial zur Republik Mazedonien sowie für humanitäre Hilfe für die Bürger Mazedoniens • Organisation von Kontakten, Planung von Reisen und Organisation von Foren für mazedonische Politiker wie z.B. Präsident Gligorov zur Erreichung der Anerkennung Mazedoniens durch die USA und die internationale Gemeinschaft
Republik Mazedonien	Advantage Associates, Inc.	31. Dezember 1999 Reg. Nr. 5319 [Keine Angaben über Honorarkosten]	Allgemeine Repräsentation und Öffentlichkeitsarbeit durch Kontakte mit Vertretern des Kongresses und der US-Regierung
Republik Mazedonien	Advantage Associates, Inc.	30. Juni 2000 Reg. Nr. 5319 [Keine Angaben über Honorarkosten]	Allgemeine Repräsentation und Öffentlichkeitsarbeit durch Kontakte mit Vertretern des Kongresses und der US-Regierung
Republik Mazedonien	Advantage Associates, Inc.	31. Dezember 2000 Reg. Nr. 5319 [Keine Angaben über Honorarkosten]	Keine Angaben über Aktivitäten
Republik Mazedonien	Barbour Griffith & Rogers, Inc.	10. Mai 2001 Reg. Nr. 5430 $ 15.000	• Kontakte mit Vertretern der Regierung, um Hilfe für Mazedonien zu verbessern, den Eintritt in die NATO zu beschleunigen und Textilimporte in die USA zu erhöhen • Treffen mit und Briefings von Vertretern des Weißen Hauses, des State Department, des Nationalen Sicherheitsrats, der US-Handelskammer und der Legislative

Kunde	Agentur	Vertrag + Honorarkosten	(Politische) Aktivitäten lt. Vertrag
Republik Mazedonien	Barbour Griffith & Rogers, Inc.	30. November 2001 Reg. Nr. 5430 $ 156.466	• Kontakte mit Vertretern der Regierung, um Hilfe für Mazedonien zu verbessern, den Eintritt in die NATO zu beschleunigen und Textilimporte in die USA zu erhöhen • Treffen mit und Briefings von Vertretern des Weißen Hauses, des State Department, des Nationalen Sicherheitsrats, der US-Handelskammer und der Legislative
Republik Mazedonien	William Alexander	30. November 2001 Reg. Nr. 5418 [Keine Angaben über Honorarkosten]	• Organisation von Treffen zwischen Vertretern des Weißen Hauses und des Nationalen Sicherheitsrates mit Offizieren der mazedonischen Spezialpolizei, um die terroristischen Attacken an der Grenze und in Mazedonien zu diskutieren • Teilnahme an einem Treffen von Offizieren der mazedonischen Spezialpolizei und Vertretern des Pentagon, um militärische, finanzielle und technische Hilfe zu erbitten
Republik Mazedonien, Kommission für den Transitkorridor	Stoyan I. Bakalov	30. November 2001 Reg. Nr. 5417 [Keine Angaben über Honorarkosten]	• Organisation von Treffen zwischen Vertretern des Weißen Hauses und des Nationalen Sicherheitsrates mit Offizieren der mazedonischen Spezialpolizei, um die terroristischen Attacken an der Grenze und in Mazedonien zu diskutieren • Teilnahme an einem Treffen von Offizieren der mazedonischen Spezialpolizei und Vertretern des Pentagon, um militärische, finanzielle und technische Hilfe zu erbitten
Republik Mazedonien	Barbour Griffith & Rogers, Inc.	31. Mai 2002 Reg. Nr. 5430 $ 145.000	Aktivitäten wie im vorhergehenden Vertrag
Republik Mazedonien, Finanzministerium	Barbour Griffith & Rogers, Inc.	30. November 2002 Reg. Nr. 5430 $ 125.407	Aktivitäten wie im vorhergehenden Vertrag
Republik Mazedonien, Kommission für den Transitkorridor	Stoyan I. Bakalov	30. November 2002 Reg. Nr. 5417 [Keine Angaben über Honorarkosten]	Keine Angaben über Aktivitäten

Tab. VIII:
Die Serbien-Informationskampagne von Moritz Hunzinger (1998-2003)

Zeitpunkt	Aktivitäten
11. März 1998	127. »Politischer Salon« der Hunzinger Information AG (Referat) von Prof. Dr. Zoran Djindjić in Frankfurt am Main.
April 1998	Moritz Hunzinger (privat) schenkt Prof. Dr. Zoran Djindjić zu seinem Schutz einen gepanzerten Audi V6, in dem er, seine Ehefrau, Kinder und deren Leibwächter während der kommenden Jahre gefahren werden.
6. Mai 1998	Referat von Bundestags-Oppositionsführer Rudolf Scharping MdB, Ministerpräsident a. D., der Hunzinger Information AG.
1999	Ca. alle 14 Tage Gespräche zwischen Bundesverteidigungsminister Rudolf Scharping MdB und Moritz Hunzinger.
7. April 1999	Moritz Hunzinger bittet den Bundesminister der Verteidigung und den Befehlshaber Alliierte Landstreitkräfte Europa Mitte und Befehlshaber Joint Command Centre der NATO, General Dr. Dr. Klaus Reinhardt (später Oberbefehlshaber der KFOR Kosovo-Forces), im Auftrag des Vorsitzenden der Geschäftsführung der Messer GmbH, die Belgrader Messer-Tochtergesellschaft Tehnogas als Bombenziel bei den NATO-Angriffen auszusparen.
Mai 1999	Prof. Dr. Zoran Djindjić und Milo Djukanovič: Tour in Westeuropa, unterstützen das NATO-Bombardement.
Sommer 1999	Treffen in Frankfurt Prof. Dr. Zoran Djindjić/Moritz Hunzinger; Gespräche über die für den 19. August 1999 geplante Großdemonstration gegen Milošević in Belgrad.
August 1999	Zwei Treffen Prof. Dr. Zoran Djindjić/Moritz Hunzinger, eines in Serbien, eines in Deutschland.
8. September 1999	134. »Politischer Salon« der Hunzinger Information AG mit Bundesverteidigungsminister Rudolf Scharping MdB als Ehrengast und mit 60 Topmanagern aus der Wirtschaft, darunter der designierte Oberbefehlshaber der KFOR Kosovo-Forces, General Dr. Dr. Klaus Reinhardt. Teilnehmer u.a. Herbert M. Rudolph, Vorsitzender der Geschäftsführung der Messer GmbH, der sich beim Minister, dem General und Hunzinger dafür bedankte, daß seine Belgrader Niederlassung vom NATO-Bombardement ausgespart blieb.
Ende Sept. 1999	Gespräch zwischen Prof. Dr. Zoran Djindjić und Moritz Hunzinger in Frankfurt.
1999	Kroatien: Unterstützung von Dražen Budiša, dem Vorsitzenden der kroatischen Liberalen.
Weihnachten 1999	Die zu den weltweit führenden Fotoagenturen zählende action press (Hunzinger Information AG-Tochtergesellschaft) begleitet den Besuch von Bundesminister Rudolf Scharping MdB und Rußlands Verteidigungsminister Marschall Igor Sergeev bei KFOR-Kommandeur General Dr. Dr. Klaus Reinhardt in den Kosovo; action press vermarktet neben anderen Agenturen diese Bilder.

Zeitpunkt	Aktivitäten
Mitte 2000	Pressekonferenz mit Prof. Dr. Zoran Djindjić in Deutschland unter dem Motto »Demokratie braucht Geld«: Vorbereitung des Termins für Prof. Dr. Zoran Djindjić beim Bundesminister des Auswärtigen und Stellvertreter des Bundeskanzlers Dr. h.c. Joschka Fischer MdB, breite Plazierung in TV-Sendungen und in Printmedien.
21. Oktober 2000	Abendveranstaltung mit Prof. Dr. Zoran Djindjić und Frau Ruzica Djindjić-Pavlovic auf Einladung der Hunzinger Information AG und der Hemofarm Koncern AG (Serbien/Bad Homburg) bei Moritz Hunzinger privat. Zu den Teilnehmern zählten Bankvorstand Hendrik Borggreve, Herzzentrum-Vorstand Dr. Wolfgang Preusler, Bundesminister Scharping MdB mit Rechtsanwältin und Notarin Kristina Gräfin Pilati-Borggreve, der hessische CDU-Politiker Clemens Reif MdL, der Bundesvorsitzende der CDU-Sozialausschüsse Hejo Arentz MdL, Spiegel-Redakteurin Dr. Carolin Emcke, Dipl.-Kfm. Nikola Stankovic (Vorstand Hemofarm) und sein Sohn, der spätere Gesandte der Botschaft von Serbien und Montenegro in Deutschland Dipl.-Kfm. Oliver Stankovic.
23. Oktober 2000	Direkt nach der Abwahl des Diktators Miloševićs und dem Machtwechsel in Jugoslawien: Erster Auslandsbesuch von Prof. Dr. Zoran Djindjić, Vorsitzender der Demokratischen Partei, in Berlin. Große internationale Pressekonferenz, moderiert von Moritz Hunzinger. Gespräche u.a. mit dem Hauptgeschäftsführer des BDI (Bundesverband der Deutschen Industrie), Parlamentarischer Staatssekretär a.D. Dr. Ludolf von Wartenberg, und dem Bundesminister des Auswärtigen und Stellvertreter des Bundeskanzlers Dr. h.c. Joschka Fischer MdB; zahlreiche Pressetermine (ausführliche Interviews mit Phoenix und n-tv).
22. November 2000	Moritz Hunzinger informiert Vizekanzler Joschka Fischer im Auftrag von Zoran Djindjić mit der Dokumentation über die aktuelle Berichterstattung zu seiner Nominierung für das Amt des serbischen Ministerpräsidenten.
Winter 2000/ 2001	Bemühungen von Moritz Hunzinger um Zukunftslösung für die Zastava-Werke in Kragujevac.
8. Dezember 2000	Moritz Hunzinger motiviert Prof. Dr. Zoran Djindjić dazu, den Burda-Medienpreis »Bambi« anzunehmen, der ihm von der CDU-Bundesvorsitzenden, Bundesministerin a.D. Dr. Angela Merkel MdB, überreicht wird.
9. Dezember 2000	Prof. Dr. Zoran Djindjić ist Gast der Hunzinger Information AG und der Hemofarm Koncern AGmbH (Fresenius AG-Joint-Venture in Serbien) bei einem Mittagessen im »Bundeszimmer« des Hotel Adlon in Berlin mit Vertretern der jeweiligen Kunden, darunter der RWE AG, dem Berliner Anwaltsnotar Dr. Karlheinz Knauthe und Ministerpräsident und Bundesminister a.D. Dr. rer. pol. h.c. Lothar de Maizière, Vorsitzender des Aufsichtsrates der Hunzinger Information AG.
20. Dezember 2000	Prof. Dr. Zoran Djindjić und Moritz Hunzinger übergeben der serbischen Stadt Leskovac humanitäre Spende.
23. Dezember 2000	Moritz Hunzinger ist in Belgrad bei der Wahl eines neuen serbischen Parlaments dabei; kurz darauf tritt Prof. Dr. Zoran Djindjić in Deutschland zum ersten Mal als neuer Premier bei der Hunzinger Information AG auf.
28. Dezember 2000	Konzepterstellung für den Besuch von Mr. Bill Gates, Gründer der Microsoft Corp., zur Eröffnung einer IT-Schule (Microsoft-Center Beograd) mit Ansprachen von Bill Gates und Prof. Dr. Zoran Djindjić in der Belgrader City vor 6.000 Studenten und Schülern.

Zeitpunkt	Aktivitäten
Februar/März 2001	Moritz Hunzinger übernimmt den Auftrag für das »Konzept eines dreistufigen Ordens für Verdienste um die serbische Demokratie« und die »Schaffung der Nationalhymne der neuen Serbischen Demokratie«. In der Bearbeitung unterstützt wird er dabei von Rechtsanwalt Prof. Dr. jur. Dr. rer. pol. Udo Kollatz, Staatssekretär (SPD) des Bundesministeriums für wirtschaftliche Zusammenarbeit und Entwicklung a.D.
4./5. Juni 2001	Erster Besuch eines Vertreters von Papst Johannes Paul II im befreiten Jugoslawien auf Empfehlung von Moritz Hunzinger: Der »Entwicklungshilfeminister« des Vatikan, S. E. Erzbischof Dr. theol. Paul Josef Cordes, Präsident des Päpstlichen Rates Cor Unum (Dikasterium zur Durchführung der karitativen Initiativen des Apostolischen Stuhls), erörtert mit Serbiens Ministerpräsident Prof. Dr. Zoran Djindjić u.a. das Wirken der katholischen Kirche auf dem Gebiet der Fürsorge, der Erziehung und des Gesundheitswesens für die Wiederherstellung eines friedlichen Zusammenlebens in Ex-Jugoslawien.
24. September 2001	Ministerpräsident Prof. Dr. Zoran Djindjić und Moritz Hunzinger: Pressegespräche in Frankfurt am Main und Berlin.
10. Oktober 2001	Erscheinen des Buches von General Dr. Dr. Klaus Reinhardt: »KFOR – Streitkräfte für den Frieden. Das Tagebuch des deutschen Kommandeurs im Kosovo«, präsentiert von Bundespräsident a. Dr. Dr. Dr. h.c. mult. Richard Freiherr von Weizsäcker und dem früheren UNO-Verwaltungschef im Kosovo, Minister der Französischen Republik Dr. Bernard Kouchner, bei Moritz Hunzinger (Verlag Blazek & Bergmann, zu dieser Zeit Tochtergesellschaft der Hunzinger Information AG).
12. November 2001	Unterrichtung der Bundesministerin für wirtschaftliche Zusammenarbeit und Entwicklung Heidemarie Wieczorek-Zeul MdB über ein Gespräch zwischen Ministerpräsident Prof. Dr. Zoran Djindjić und Moritz Hunzinger.
29. November 2001	139. »Politischer Salon« der Hunzinger Information AG mit Ministerpräsident Prof. Dr. Zoran Djindjić, dem stellvertretenden Ministerpräsidenten Prof. Dr. Žarko Korać, sieben serbischen Ministern, Topmanagern der deutschen Industrie, darunter etlichen serbischen Wirtschaftsführern, und dem Präsidenten des Bundesamtes für Verfassungsschutz Dr. jur. Peter Frisch, der nach seiner Pensionierung stellvertretender Aufsichtsratsvorsitzender der Hunzinger Information AG wird.
17. April 2002	Organisation eines Vortrags von Ministerpräsident Prof. Dr. Zoran Djindjić beim »Hessischen Kreis« auf Einladung des Vorstandsvorsitzenden der Fraport AG (Flughafen Frankfurt Main AG), Dr. jur. Wilhelm Bender, und des Fraport-Aufsichtsratsvorsitzenden, Hessischer Ministerpräsident Ass. jur. Roland Koch MdL.
22. Februar 2003	Vermittlung eines Interviews für Frau Dr. Marika De Feo, Corriere della Sera, mit dem serbischen Premier. Am Abend letztes Wiedersehen zwischen Moritz Hunzinger und Ministerpräsident Prof. Dr. Zoran Djindjić vor dem Attentat bei einem Empfang und Dinner für Spender des »Tempel des Heiligen Sava«.
12. März 2003	Ministerpräsident Professor Dr. Zoran Djindjić †.

Literaturverzeichnis

Abendroth, Wolfgang (1976): Das Grundgesetz. Eine Einführung in seine Probleme. 6. Aufl., Pfullingen: Neske Verlag.

Ahrens, Rupert und Knödler-Bunte, Eberhard (Hrsg.) (2003): Die Affäre Hunzinger. Ein PR-Missverständnis, Berlin: Media Mind.

Andresen, Uta (1999): Die überaus nützliche Dämonisierung der Serben, in: Tageszeitung, 10. Mai 1999.

(AI) (1991): Statement contains the findings of an Amnesty International fact-finding visit to Kuwait and an update to Amnesty International's December 1990 report, Iraq/Occupied Kuwait: Human rights violations since 2 August 1990, London: Amnesty International, April 19, 1991 [mimeo].

Ash, Timothy Garton (2004): Mittel und Wege. Wie baut man eine Demokratie auf?, in: Süddeutsche Zeitung, 22. Dezember 2004, S. 13.

Avenarius, Horst (2003): Hunzinger und die Folgen. Zur Moral in der Öffentlichkeitsarbeit, in: Communicatio Socialis, Nr. 1/2003, S. 23-42.

Baerns, Barbara (1985): Öffentlichkeitsarbeit oder Journalismus? Zum Einfluss im Mediensystem, Köln: Verlag Wissenschaft und Politik.

Baier, Lothar (1999): Das Scheppern rot-grüner Kriegsrhetorik, in: WoZ, 6. Mai 1999.

Bauman, Zygmunt (2003): Flüchtige Moderne, Frankfurt: Suhrkamp.

Beck, Ulrich (1999): Der militärische Euro. Humanismus und europäische Identität, in: Süddeutsche Zeitung, 1. April 1999, S. 17.

Beigbeder, Frédéric (2001): 39,90. Neunundreißig neunzig, Reinbek: Rowohlt.

Belussi, Fiorenza (1987): Benetton: Information Technology in Production and Distribution, Falmer, Brighton: University of Sussex (= SPRU Occasional Papers No. 25).

Bentele, Günter (2003): Das Image der Image-Macher, in: Frankfurter Allgemeine Zeitung, 26. Mai 2003, S. 24.

Bergstedt, Jörg (2002): Reich oder rechts? Umweltgruppen und NGOs im Filz mit Staat, Markt und rechter Ideologie, Frankfurt: IKO-Verlag.

Bericht zur Lage des Fernsehens für den Präsidenten der Bundesrepublik Deutschland Richard von Weizsäcker (1994): Gütersloh: Bertelsmann-Stiftung.

Blair, Tony (1999): A New Moral Crusade, in: Newsweek, 14. Juni 1999.

Boyd, General Charles G. (1995): Making peace with the guilty: The truth about Bosnia, in: Foreign Affairs, September/Oktober 1995.

Branahl, Udo (1992): Recht und Moral im Journalismus, in: Haller, Michael und Holzhey, Helmut (Hrsg.): Medien-Ethik, Opladen: Westdeutscher Verlag, S. 224-241.

Brauman, Rony (1995): Hilfe als Spektakel. Das Beispiel Ruanda, Berlin: Rotbuch.

Brunner, Roland (2000): Eine Schwalbe macht noch keinen Frühling, in: http://archiv.medienhilfe.ch/News/Archiv/2000/fragezeichen.htm (29. September 2004).

Bussemer, Thymian (2005): Propaganda. Konzepte und Theorien. Mit einem Vorwort von Peter Glotz, Wiesbaden: Verlag für Sozialwissenschaften.

Claßen, Elvi (1999): Konstruktion von Medienrealität im Kosovo-Krieg, in: ami, Heft 7/Juli 1999.

dies. (2004): Informationsmacht oder -ohnmacht. Die Instrumentalisierung von Genderstrukturen im Krieg, in: Forum Pazifismus, Mai 2004, S. 24-32.

DEZA (Departement für Entwicklungszusammenarbeit) (1999): Gegendarstellung, in: Wochen-Zeitung, 26. August 1999.

Dezalay, Yves und Garth, Bryant (2005): Kaderschmieden der Entwicklungspolitik. Eliteuniversitäten, NGOs und Chefbanker, in: Le Monde Diplomatique (dt. Ausgabe), Juni 2005, S. 23.

Dill, Richard (2003): Neue Demokratien – neuer Rundfunk. Erfahrungen mit der Medientransformation in Osteuropa, Münster: Lit-Verlag.

Dohnanyi, Johannes von und Dohnanyi, Germana von (2002): Schmutzige Geschäfte und Heiliger Krieg. Al-Quaida in Europa, Zürich: Pendo.

Ebert, Theodor (2002): Die poetische Methode und ihre Grenzen – oder Peter Handkes Reiseberichte aus Jugoslawien als Friedenstexte, in: Albrecht, Ulli und Becker, Jörg (Hrsg.): Medien zwischen Krieg und Frieden, Baden-Baden: Nomos Verlag, S. 247-266.

Eisermann, Jessica (1993): Selbstkontrolle der Medien: Der Deutsche Presserat und seine Möglichkeiten, Berlin: Wissenschaftszentrum.

Elter, Andreas (2005): Die Kriegsverkäufer. Geschichte der US-Propaganda 1917-2005, Frankfurt: Suhrkamp.

Emoff, Todd (1999): Hijacking the Holocaust. A Jewish-American perspective of the U.S./NATO bombing of Yugoslavia, in: Foreign Affairs Opinion, 20. Mai 1999, in: http://www.freerepublic.com/forum/a3831ee15116e.htm (18. November 1999).

Enste, Dominik H. (2004): Die Wohlfahrtsverbände in Deutschland. Eine ordnungspolitische Analyse und Reformagenda, Köln: Deutscher Instituts-Verlag.

Finkelstein, Norman G. (2001): Die Holocaust-Industrie, München: Piper.

Finn, David (1994): What being Jewish means to me, in: New York Times, 20. März 1994.

Fischer, Ralf (2004): Deutsche Opfer. Die Gesellschaft für bedrohte Völker setzt auf völkische Ideologie, in: Blätter des iz3w, Januar-Februar 2004, S. 6-7.

Flottau, Renate u. a. (2005): Die Revolutions-GmbH. Teil I und II, in: Der Spiegel, Nr. 46/2005, S. 178-199 und Nr. 47/2005, S. 184-194.

Franck, Georg (1998): Ökonomie der Aufmerksamkeit. Ein Entwurf, München: Hanser.

Föllmer-Müller, Eva-Maria (2007): Ein US-amerikanischer »Fremdenlegionsgeneral«. Bernard Kouchner – ein Arzt als Kriegstreiber, in: Zeit-Fragen, 8. Oktober 2007.

Galtung, Johan (1997): After Camelot, in: Galtung, Johan: Papers on Methodology. Vol. II: Essays in Methodology, Copenhagen: Ejlers, S. 180-193.

Gashi, Dardan (2004): The Role of the Media in the March 2004 Events in Kosovo, Vienna: OSCE. The Representative on Freedom of the Media [mimeo].

Geman, Ben (1999): Diplomacy for Hire, in: The Boston Phoenix, 27. Mai/3. Juni 1999.

Geyer, Christian (2005): Flugbereitschaft. Die Geheimsprache der Condoleezza Rice, in: Frankfurter Allgemeine Zeitung, 9. Dezember 2005, S. 33.

Gilette, Robert (2004): The Role of the Media in the March 2004 Events in Kosovo, Pristina: Temporary Media Commissioner [mimeo].

Gompert, David (1994): How to defeat Serbia, in: Foreign Affairs, Vol. 73. Nr. 4, Juli/August 1994.

Gorin, Julia (1999): »Never again?« This isn't exactly what we had in mind, in: Jewish World Review, 29. April 1999.

Grolig, Wilfried (2003): Konzepte von Diplomatie. Vortrag im Rahmen der gleichnamigen Ringvorlesung der Humboldt-Universität in Berlin vom 13. Februar 2003, in: http://www.auswärtiges-amt.de/www/de/ausgabe_archiv?archiv_id=4084 (17.März 2004).

Grossenbacher, René (1986): Die Medienmacher: eine empirische Untersuchung zur Beziehung zwischen public relations und Medien in der Schweiz, Solothurn: Vogt-Schild.

Habermas, Jürgen (1971): Strukturwandel der Öffentlichkeit. Untersuchungen zu einer Kategorie der bürgerlichen Gesellschaft. 5. Aufl., Neuwied: Luchterhand.

ders. (1973): Legitimationsprobleme im Spätkapitalismus, Frankfurt: Suhrkamp.

Halimi, Serge und Dominique Vidal (2000): Chronik eines angekündigten Vertreibungskrieges, in: Le Monde Diplomatique (dt. Ausgabe), 17. März 2000.

Handke, Peter (1999): Die Fahrt im Einbaum oder Das Stück zum Film vom Krieg, Frankfurt: Suhrkamp.

Harff, James (2003), in: »De Zaak Milošević« (Der Fall Milošević). Regie: Jos de Putter, Niederlande 2003 [z. Tl. unveröffentlichtes Filmmaterial].

Hauser, Monika (1998): Die bosnischen Frauen, der Krieg und das Frauentherapiezentrum Medica Zenica, in: Beiträge zur feministischen Theorie und Praxis, Nr. 49-50/1998, S. 63-70.

Herkendell, Beate (2003): Robin, Tobin und die Gipfelstürmer. Sie sind das gute Gewissen, wenn der Staat versagt: Nicht-Regierungsorganisationen sind wichtiger denn je – die Politik reagiert zwiegespalten, in: Frankfurter Rundschau, 17. Dezember 2003, S. 31.

Holbrooke, Richard (1999): Meine Mission. Vom Krieg zum Frieden in Bosnien, München: Piper.

Holtgrewe, Ursula und Richter, Bernd (1991): Die Elektronisierung des Handels. Mit einem Vorwort von Jörg Becker, Düsseldorf: Hans-Böckler-Stiftung.

Horst, Patrick (2000): Lehrmeister Kosovo-Krieg – »Weltinnenpolitik« als imperialistischer Größenwahn, in: Die Neue Gesellschaft – Frankfurter Hefte, Nr. 5/2000, S. 280f.

Housch, Stephan und Klenk, Volker (2002): NGOs werden internationale Super-Marken. Studie zeigt: Wirtschaft muß mit NGOs kooperieren, in: Public Relations Forum, Nr. 4/2002, S. 138-139.

Hutsch, Franz-Josef und Cornel Faltin (2001): US-Berater halfen Albaner-Rebellen. Deutsche Soldaten nach Mazedonien: Muß der Bundestag seine Sommerpause unterbrechen?, in: Hamburger Abendblatt, 28.Juni 2001.

IPS (2003): Sind NGOs undurchsichtig?, in: Kommunikation Global, Februar 2003, S. 4.

IsraelWire (1999): Jews to Protest NATO Bombings, 13. Mai 1999.

Jacob, Günther (2000): Die Metaphern des Holocaust während des Kosovokriegs, in: Zeitschrift für Sozialgeschichte des 20. und 21. Jahrhunderts. 15. Jhg., Nr. 1/2000.

Jäger, Susanne (1996): Propaganda mit Frauenschicksalen? Die deutsche Presseberichterstattung über Vergewaltigung im Krieg in Bosnien-Herzegowina, Dipl.-Arbeit im Fach Psychologie der Universität Konstanz.

Jordan, A. G. (2001): Shell, Greenpeace and the Brent Spar, Basingstoke: Palgrave.

Klaus, Elisabeth und Kassel, Susanne (2003): Frauenrechte als Kriegslegitimation in den Medien, in: Neissl, Julia; Eckstein, Kirstin; Arzt, Silvia und Anker, Elisabeth (Hrsg.): Männerkrieg und Frauenfrieden. Geschlechterdimensionen in kriegerischen Konflikten, Wien: Promedia, S. 13-30.

Knaup, Horand (1996): Hilfe, die Helfer kommen. Karitative Organisationen im Wettbewerb um Spenden und Katastrophen, München: Beck.

Kos, Elmar (1996): Öffentlichkeitsarbeit und das Ethos der Verständigung, in: Rademacher, Lars (Hrsg.): Die Öffentlichkeit im Visier – Konzepte und Praxisbeispiele moderner Öffentlichkeitsarbeit, Siegen: Universität Siegen, S. 109-126.

Krieg-Planque, Alice (2003): »Purification ethnique«. Une formule et son histoire, Paris: CNRS Editions

Kunczik, Michael (2002): Public Relations. Konzepte und Theorien. 4. Aufl., Köln: Böhlau.

ders. u.a. (2000): Internationale Werbe- und Public Relations-Netzwerke. WPP, Hill & Knowlton und die Wexler Group, in: Brüne, Stefan (Hrsg.): Neue Medien und Öffentlichkeiten. Politik und Telekommunikation in Afrika, Asien und Lateinamerika Bd.2, Hamburg: Deutsches Übersee-Institut.

Lasch, Christopher (1995): Die blinde Elite. Macht ohne Verantwortung, Hamburg: Hoffmann & Campe.

Lasswell, Harold D. (1927a): Propaganda Technique in the World War, London: Paul Kegan.

Lasswell, Harold D. (1927b): The Theory of Political Propaganda, in: The American Political Science Review. Jg. XXI.

Leggewie, Claus (1992): Europa in den »United Colors of Benetton«. Ein Multikultur-Marktbericht, in: Kunstforum, Band 18, S. 147-157.

Leif, Thomas (2001): Macht ohne Verantwortung. Der wuchernde Einfluss der Medien und das Desinteresse der Gesellschaft, in: Aus Politik und Zeitgeschichte, Nr. 41-42/2001, S. 6-9.

Leinemann, Jürgern (2005): Höhenrausch. Die wirklichkeitsleere Welt der Politiker. 2. aktualisierte Aufl., München: Blessing.

Levy, Daniel und Nathan Sznaider (2001): Erinnerung im globalen Zeitalter: Der Holocaust, Frankfurt: Suhrkamp.

Lewin, Leonard C. (1967): Report from Iron Mountain on the Possibility and Desirability of Peace, New York: The Dial Press.

Loquai, Heinz (2000): Der Kosovo-Konflikt – Wege in einen vermeidbaren Krieg, Baden-Baden: Nomos.

Luostarinen, Heikki (2002): Propaganda Analysis, in: Kempf, Wilhelm und Luostarinen, Heikki (Hrsg.): Journalism and the New World Order. Studying War and the Media, Göteborg: NORDICOM.

Lutz, Dieter und Rittberger, Volker (1976): Abrüstungspolitik und Grundgesetz: eine verfassungsrechtlich-friedenswissenschaftliche Untersuchung, Baden-Baden: Nomos.

MacArthur, John (1993): Die Schlacht der Lügen, München: dtv.

Maletzke, Gerhard (1978): Psychologie der Massenkommunikation. Theorie und Systematik. 3. Aufl., Hamburg: Hans Bredow-Institut.

Marx, Karl (1953): Die Frühschriften, hrsg. von Siegfried Landshut, Stuttgart: Kröner.

McKinsey, stern, T-Online und ZDF (2003): Perspektive Deutschland. Kurzbericht 2003, Berlin: McKinsey 2003.

Medica Mondiale (Hrsg.) (2004): Sexualisierte Kriegsgewalt und ihre Folgen, Frankfurt: Mabuse.

Menzel, Ulrich (2003): Der Krieg um die Rente, in: Frankfurter Rundschau, 28. November 2003, S. 8.

Merlino, Jaques (1993): Les vérités yougoslaves ne sont pas toutes bonnes à dire, Paris: Albin Michel.

Merlino, Jacques (1999): »Da haben wir voll ins Schwarze getroffen«. Die PR-Firma Ruder Finn, in: Bittermann, Klaus (Hrsg.): Serbien muss sterbien. Wahrheit und Lüge im jugoslawischen Bürgerkrieg. 4. Aufl., Berlin: Ed. Tiamat, S. 153-163.

Miroschnikoff, Peter (2008): Bildstörungen und offene Rechnungen im Kosovo, in: Frankfurter Allgemeine Zeitung, 19. Februar 2008, S. 42.

Moritz, Tino (2001): »Operation Hufeisen« und die deutschen Medien. Wie Journalisten Behauptungen der Bundesregierung während des Kosovo-Krieges hinterfragen. Eine Fallstudie, Dipl.-Arbeit am Institut für Kommunikations- und Medienwissenschaft der Universität Leipzig.

Müller, Kai (2003): Grundsatz-Entscheidung, in: ai-journal, Nr. 10/2003, S. 3.

Musy, Jean (1999): Schwalbe im Kosovo, in: WochenZeitung, 29. Juli 1999.

Naiman, Robert; Chomsky, Noam und Herman, Edward S. (1999): An Appeal from American Jews to the Green Party of Germany 1999, in: http://www.zmag.org/crisescurevts/preamblet.htm (15. August 2005).

Nambiar, Lt. Gen. Satish (1999): The fatal flaws underlying NATO's intervention in Yugoslavia, United Service Institution of India, 6. April 1999, in: http://www.transnational.org/features/fatalflaws.html (12. Februar 2004).

Neu, Alexander S. (2004): Die Jugoslawien-Kriegsberichterstattung der Times und der Frankfurter Allgemeinen Zeitung. Ein Vergleich, Baden-Baden: Nomos.

O'Connor, Eileen M. und Hoffman, David (2005): The fallacy of psyo-ops, in: International Herald Tribune, 17./18. Dezember 2005, S. 9.

Odehnal, Bernhard (2000): Wie sag ich's meinem Feind? Die Schweiz finanziert in Pristina ein freies Radio, die Kosovaren hören weg, in: Die Weltwoche, 4. Mai 2000.

Odraz, Pablo (1999): Policías y forenses españoles no hallan pruebas de genocidio al norte de Kosovo, in: El País, 23. September 1999.

Ondracek, Christian (2001): Kriegsberichterstattung: Official Source Industry, in: Message, Nr. 2/2001, S. 112-117.

Open Society Institute (Hrsg.) (2001): The Use of Information and Communication Technologies by Non-Governmental Organizations in Southeast Europe. A Joint Study by the Southeast Europe Initiative of OneWorld International and the Information Programme of the Open Society Institute, Budapest: Open Society Institute.

Orwell, George (1950): 1984, Baden-Baden: Diana.

Oschlies, Wolf (2001): Mazedonien als Opfer internationaler Ignoranz?, in: Blätter für deutsche und internationale Politik, Heft 8/2001.

Oxfam (2005): http://www.oxfam.de/a_zusatzseite.asp?id=79 (23. September 2005).

Packard, Vance (1957): The Hidden Persuaders, New York, NY: David McKay.

Pandolfi, Mariella (2000): L'industrie humanitaire: une souveraneté mouvante et supracoloniale. Réflexion sur l'expérience des Balkans, in: Multitudes. Une revue trimestrielle, politique, artistique et culturelle, Nr. 3/2000, S. 97-105.

Patterson, Charles (2004): Für die Tiere ist jeden Tag Treblinka, Frankfurt: Zweitausendeins.

Petras, James und Veltmeyer, Henry (2004): NGOs in the service of imperialism, in: dies.: Globalization unmasked. Imperialism in the 21st century 4. Aufl., London: Zed Books, S. 128-138.

Peterson, Peter G. (2002): Public Diplomacy and the War on Terrorism, in: Foreign Affairs, Vol. 81. No. 5, September/Oktober 2002.

Platzdasch, Günter (1990): Die sogenannte Internationale Gesellschaft für Menschenrechte. Eine rechte Grauzonenorganisation, Wiesbaden: Büro der Stadtverordnetenversammlung.

Polman, Linda (2005): Der Hilfe-Supermarkt. Humanitäre Organisationen, Geschäfte, Medien und Kriegsparteien, in: Lettre International, Sommer 2005, S. 25-32.

Priller, Eckhard und Sommerfeld, Jana (2005): Wer spendet in Deutschland?, in: WZB-Mitteilungen, Juni 2005, S. 36- 39.

Ragenfeld-Feldmann, Norma von (1997): The Victimization of Women. Rape and the Reporting of Rape in Bosnia-Herzegovina 1992-1993, in: Dialogue (Paris), Nr. 21/1997, S. 3-26.

Riese, Stefan (1999): Stellungnahme zum Kosovo-Krieg, in: http://www.friedensnetz.de/Archiv%20Webseiten/Kosovo/riese.htm (10. September 2005).

Röhm, Ulli (1995): PR-Filme in heute und tagesschau, in: Film & TV Kameramann, Nr. 12/1995, S. 44-54.

Rose, General Michael (1998): Fighting for Peace, Bosnia 1994, London: The Harvill Press.

Rossmann, Torsten (1992): Die Pressearbeit der Umweltschutzorganisation Greenpeace, Hamburg: Institut für Politikwissenschaft der Universität Hamburg.

Russ-Mohl, Stephan (1999): Spoon feeding, Spinning, Whistleblowing. Beispiel USA: Wie sich die Machtbalance zwischen PR und Journalismus verschiebt, in: Rolke, Lothar und Wolff, Volker (Hrsg.): Wie die Medien die Wirklichkeit steuern und selber gesteuert werden, Opladen: Westdeutscher Verlag, S. 163-176.

Scharping, Rudolf (1999): Wir dürfen nicht wegsehen. Der Kosovo-Krieg und Europa, Berlin: Ullstein.

Schicha, Christian (2003): Unterhaltsame Formate als Bausteine der medienethischen Ausbildung. Spielfilme und Benetton-Werbung als populäre Beispiele, in: Zeitschrift für Kommunikationsökologie, Nr. 1/2003, S. 40-47.

Schiller, Herbert I. (1975): The Diplomacy of Cultural Domination and the Free Flow of Information, in: Instant Research on Peace and Violence, Nr. 2/1975.

ders. und Phillips, Joseph D. (Hrsg.) (1970): Super State. Readings in the Industrial Military Complex, Urbana, Ill.: University of Illinois Press.

Schmidbauer, Wolfgang (1992): Hilflose Helfer. Über die seelische Problematik der helfenden Berufe. Überarb. und erw. Neuausgabe, Reinbek: Rowohlt.

Schmidt-Eenboom, Erich (2004): Geheimdienst, Politik und Medien. Meinungsmache Undercover, Berlin: Homilius Verlag.

ders. (2005): Mdl. Gespräch mit dem Verfasser am 20. September 2005.

Schrader, Lutz (2000): NGOs – eine neue Weltmacht? Nichtregierungsorganisationen in der internationalen Politik, Potsdam: Brandenburgische Landeszentrale für Politische Bildung.

Schubert, Bianca (2000): Shell in der Krise. Zum Verhältnis von Journalismus und PR in Deutschland dargestellt am Beispiel der »Brent Spar«, Münster: Lit-Verlag.

Schütz, Walter (2004/2005): Göttliche Vorsehung statt Katastrophenschutz, in: rundschreiben 2004/2005 von medico international, S. 29-30.

Schuller, Konrad (2005): Der Westen und die Revolution im Osten, in: Frankfurter Allgemeine Zeitung, 21. September 2005, S. 8.

Senghaas, Dieter (1999): Recht auf Nothilfe?, in: Frankfurter Allgemeine Zeitung, 12. Juli 1999, S. 12.

Sharp, Gene (1993): From Dictatorship to Democracy: A Conceptual Framework for Liberation, Boston: Albert Einstein Institute.

Shea, Jamie (2001): Lügen? Aufrichtige Fehler! Über die Kunst, die Öffentlichkeit zu mobilisieren, in: Frankfurter Allgemeine Sonntagszeitung, 14. Oktober 2001.

ders. (2002): The James D. Ewing Lecture on Ethics in Journalism. Vortrag am DeWitt Wallace Center for Communications and Journalism an der Duke University in Durham, NC, USA, 20. September 2002 [unv. hekt. Ms.].

Silverstein, Ken (1997): Privatizing War. How affairs of state are outsourced to corporations beyond public control, in: The Nation, 28. Juli 1997.

ders. (2002): Despots R Us. Meet Washigton's favorite lobby shop for foreign thugs, in: The American Prospect, Vol. 13. Issue 12, 1. Juli 2002.

Singer, Peter W. (2001-2002): Corporate Warriors: The Rise and Ramifications of the Military Industry, in: International Security, Winter 2001-2002.

ders. (2004): War, Profits, and the Vacuum of Law: Privatized Military Firms and International Law, in: Columbia Journal of Transnational Law, Vol. 42. No. 2/Frühjahr 2004.

Smythe, Dallas W. (1994): Counterclockwise: Perspectives on Communication, Boulder, Co.: Westview Press.

Soros, George (2001): Die offene Gesellschaft: für eine Reform des globalen Kapitalismus, Berlin: Fest-Verlag.

Sray, John E. (1995): Selling the Bosnian myth to America: Buyer beware. Foreign Military Studies Office, Fort Leavenworth, Kansas, Oktober 1995.

Staples Butler, Jessica (2001): Foreign Agents Registration Act: The United States versus Agents of the Dominican Republic, in: Shanahan, James (Hrsg.): Propaganda without Propagandists? Six Cases Studies in U.S. Propaganda, Cresskill, NJ, Hampton Press, S. 107-125.

Stickler, Armin (2005): Nichtregierungsorganisationen, soziale Bewegungen und Global Governance. Eine Bestandsaufnahme des Diskurses und Kritik aus der Perspektive einer Theorie der »organisierten Weltgesellschaft«, Diss. rer. soc. Wuppertal.

Stiglmayer, Alexandra (Hrsg.) (1993): Massenvergewaltigung. Krieg gegen die Frauen, Frankfurt: Fischer Taschenbuch.

Stourton, Edward (1999): Spinning for Victory, in: Electronic Telegraph, 16.10.1999

Strübin, Michael (1999): Ist Zivilgesellschaft käuflich? Wie Demokratie und Politik hautnah und unmittelbar erlebbar gemacht werden. Über die Arbeit von DemNet am Beispiel Polen, in: Frankfurter Rundschau, 25. September 1999, S. 19.

SustainAbility Ltd. (2003): The 21st Century NGO. In the Market for Change, London: SustainAbility.

Take, Ingo (2002): NGOs im Wandel. Von der Graswurzel auf das diplomatische Parkett, Wiesbaden: Westdeutscher Verlag.

Tobin, Jonathan (1999): From Silence to Cacophony: Holocaust metaphors are the coin of the realm, in: Jewish World Review, 9. April 1999.

Todorov, Tzvetan (2004): Vom guten und vom schlechten Gebrauch der Geschichte – Wider Banalisierung und Sakralisierung. Nachdruck aus Le Monde, in: http://www.nahost-politik.de/israel/erinnerung.htm (20.Januar 2004).

Toscani, Oliviero (1996): Die Werbung ist ein lächelndes Aas, Mannheim: Bollmann.

Trento, Susan B. (1992): The Power House. Robert Keith Gray and the Selling of Access and Influence in Washington, New York: St. Martin's Press.

Wall, Melissa A. (1997): A 'Pernicious New Strain of the Old Nazi Virus' and an 'Orgy of Tribal Slaughter'. A Comparison of US News Magazine Coverage of the Crises in Bosnia and Rwanda, in: Gazette. Jg. 59, Nr. 6/1997, S. 411-428.

Wiebes, Cees (2003): Intelligence and the War in Bosnia 1992-1995, Münster: Lit Verlag.

Wilhelm, Markus (1997): Kauf dir eine Volksabstimmung, in: Föhn, Heft 23-24/1997, S. 3-137.

Ziegler, Jean (2005): Die neuen Herrscher der Welt und ihre globalen Widersacher, München: Goldmann.

Zwangsleitner, Klaus (Hrsg.) (1997): Rejected. Unpublished – Best Rejected Advertising, Berlin: Grey Press.